QUE SAIS-JE ?

L'haptonomie

L'être humain et son affectivité

DOMINIQUE DÉCANT-PAOLI
Pédopsychiatre et haptopsychothérapeute

Deuxième édition

8e mille

Remerciements

À Frans Veldman pour ce qu'il est et ce qu'il transmet.
À Catherine Dolto pour sa collaboration à la rédaction du chapitre sur la pré- et postnatalité et sa lecture aussi amicale que critique.
À Jean-Louis Revardel pour avoir accompagné de sa lecture avisée l'élaboration de ce livre.
À Anne Marie Van Polen pour son inlassable courage à l'élaboration de la pré-mise en page.

ISBN 2 13 052543 1

Dépôt légal — 1re édition : 2002
2e édition : 2003, juin

PRÉFACE

C'est avec un grand plaisir que je vois un ouvrage de référence universitaire rendre accessible au grand public une introduction de l'œuvre de ma vie et de l'apport de mes expériences et découvertes que la France accueille depuis 1980.

Il expose les principaux concepts de mes précédents ouvrages, fruits de mes recherches phénoméno-empiriques, commencées aux Pays-Bas depuis la seconde guerre mondiale, ainsi que les apports de la collaboration avec mes élèves en France dans les domaines notamment du pré-, péri- et postnatal, de l'hapto-obstétrique, de l'haptopsychagogie, de l'haptopsychothérapie et de l'haptosynésie.

Que l'intérêt suscité par sa lecture permette d'évaluer en quoi l'haptonomie est une réponse et une offre adéquates à nombre de problématiques et de souffrances actuelles dans les champs de l'enfance, de la pédagogie et de la Santé publique.

Elle représente ainsi un développement important dans l'évolution de l'humanité, répondant aux problèmes des interactions humaines propres à notre ère. Il est grand temps en effet pour notre société humaine de « redécouvrir l'humain » et de faire épanouir plus profondément les valeurs de l'affectivité.

Puisse cet ouvrage y sensibiliser le lecteur.

Frans Veldman,
chercheur en sciences de la vie,
fondateur de l'haptonomie.

INTRODUCTION

L'haptonomie, science de l'affectivité, est une science phénoméno-empirique fondée sur des faits et des découvertes sensiblement perceptibles ; elle prend en compte l'expérience humaine. Aussi commencerons-nous par poser quelques faits, vus par un observateur naïf qui les observerait, ce qui ne manquerait pas de le questionner.

Lors d'une première séance de découverte qui, avec trois à cinq autres, est le préalable à toute thérapie haptonomique, une personne venue pour une demande d'aide découvre avec étonnement que sa vulnérabilité, manifeste au début, disparaît totalement dès qu'elle peut, dans le sentiment, « intégrer » celui qui l'approche.

Le même étonnement, assorti d'un sourire émerveillé et d'un grand sentiment de plaisir, surgit quand de futurs parents découvrent, lors des premières séances d'haptonomie prénatale, la capacité qu'ils ont de rencontrer affectivement l'enfant qui leur répond en se mouvant à leur rencontre dans le giron de sa mère.

Une infirmière est surprise et ravie de voir que, si elle aide une personne lourde, inerte ou très impotente à se lever du fauteuil ou du lit, en sollicitant son intention dans une invitation affective, elle y parvient avec facilité, au lieu de déployer un effort musculaire important, comme elle le fait d'ordinaire. De la même façon, la personne peut se tourner sur le côté pour des soins d'escarre sans qu'elle ne paraisse pesante à l'infirmière, en dépit de son poids objectif.

Une personne atteinte d'infirmité motrice cérébrale se rend compte, dans un soulagement empreint de surprise et d'incrédulité, qu'elle peut se sentir entière et beaucoup plus stable dans une marche accompagnée. De telle sorte, elle dépasse ses spasticités habituelles, ce qui lui permet avec confiance de retrouver progressivement une autonomie insoupçonnée. La même observation pourrait concerner un malade hémiplégique ou atteint de la maladie de Parkinson (selon son stade de gravité) ou de sclérose en plaques invalidante.

Un malade amputé d'une jambe et refusant sa prothèse découvre qu'il peut l'intégrer dans sa corporalité vécue, et la faire sienne de telle sorte qu'il peut marcher en s'en servant sans ambivalence, et en toute autonomie.

Au cours d'un réveil postopératoire, à la sortie d'un coma, au cours d'un grave accident empêchant toute communication, mais laissant une perception consciente de ce qui se passe autour de soi, des personnes témoignent du sentiment essentiel de ne pas avoir été seules et de garder profondément confiance dans leur propre vitalité, grâce à une certaine forme de « présence » de leur entourage.

Comment ne pas s'étonner de la capacité d'une sage-femme ou d'un accoucheur grâce à un certain contact, d'aider une femme présentant une dystocie dynamique ou mécano-obstétricale à lever cet obstacle à la naissance et laisser s'effectuer le processus biopsychophysiologique de la venue au monde de son enfant.

Ou encore, à quoi attribuer l'observation des faits cliniques suivants ?

Dans ce « contact » spécifique à la phénoménalité haptonomique, l'abdomen du malade tendu par la douleur et la peur se détend, devient souple et élastique, cela pour son plus grand confort pour l'examen médical, le médecin étant lui-même plus à l'aise pour faire son diagnostic au cours d'un examen devenu plus approfondi et plus précis.

Un kinésithérapeute peut guider un patient, dans ce contact, à dépasser des limitations pathologiques (et même physiologiques) de son épaule ou de sa hanche, fixée après une intervention ou un trauma, l'articulation retrouvant ainsi mobilité et souplesse.

Les bébés accompagnés haptonomiquement avec leurs parents pendant la grossesse ont un plaisir et un goût de vivre évidents, aiment à rencontrer autrui, explorent leur environnement avec une curiosité à la fois vive et tranquille. Ils sont pleins d'élan, ont un développement psychomoteur précoce (bien que ce ne soit pas le but recherché). Cela se développe en les aidant à se mouvoir, puis à se porter d'une certaine façon avec le soutien que père et mère découvrent au fil de la grossesse et dans la période postnatale.

Dans cette présence et ce contact affectifs spécifiques, un enfant dit hyperkinétique, ne l'est plus. Il s'apaise, rendu attentif et interrogateur. Peu à peu, il se calme profondément dans le cheminement successif des rencontres thérapeutiques.

Lors des séances de découverte, préalables à une haptopsychothérapie, une personne étonnée et soulagée, songeuse à la fois devant ce qu'elle vient d'éprouver et pressentant ce qu'elle pourra en vivre, peut s'écrier, avec beaucoup d'émotion : « C'est exactement ce que je cherchais depuis longtemps ! », comme un navire en errance, enfin arrivé à bon port, peut jeter l'ancre. Et cela peut survenir même après bien d'autres parcours psychothérapiques.

Et dans la vie courante, aussi...

Comment peut-on être à l'aise dans le métro ou l'autobus, alors que l'on est écrasé par son voisin ? Comment s'apercevoir qu'il est possible de prendre sa place et de faire sa place à l'autre, sans l'écraser ni se laisser écraser dans le règne social coutumier de « l'ôte-toi-de-là-que-je-m'y-mette » ?

Comment un chanteur ou un instrumentiste découvre-t-il « en se mettant dans l'espace » (en disposant ainsi de sa faculté d'apercevoir dans l'espace) et sans avoir recours à aucune autre technique que le timbre de sa voix ou de son instrument acquiert de l'amplitude et des vibrations supplémentaires, enrichissant sa musicalité ?

Comment une institutrice de maternelle, ayant développé pour elle-même ses facultés de contact affectif et sa propre sécurité, s'aperçoit-elle que sa classe est globalement plus calme qu'auparavant, les petits plus attentifs, et les règlements des conflits entre eux, plus simples et plus rapides ?

Tous ces phénomènes appartenant à des domaines si différents, du soin, de l'éducatif, ou de la vie en général, tiennent soit au développement des facultés *happerceptives*[1] de la personne, soit à la présence affective spécifique de l' « approchant » (on désigne comme l' « approché » la personne contactée) dont témoigne son contact nommé *« psychotactile affectivo-confirmant »*[2]. Ce contact a une phénoménalité dont

1. L'happerception est une des formes de perception décrite en haptonomie qui accompagne une certaine manière d'être au monde. Voir le livre de Frans Veldman, *Haptonomie, science de l'affectivité,* 1re éd., 1989, et 8e éd., *Redécouvrir l'humain,* 2001, p. 203.

2. Contact qui témoigne de la présence affective spécifique de l'approchant que nous détaillerons ultérieurement.

les effets sont reproductibles, vérifiables et prédictibles. Il appelle à développer chez l'approché des facultés de qualité et de niveaux différents qui vont du maniement de l'outil avec adresse (simple prolongement tactile) ou du rapport à l'espace, à toute la complexité d'une ouverture de la présence affective riche, transparente et accueillante à l'autre.

La diversité de ces exemples et leur différence de « qualité » ont pour corollaire que le support théorique qui la sous-tend a dû nécessairement se constituer à partir d'une conceptualisation inter-, pluri- et transdisciplinaire à la fois :

- interdisciplinaire, car pour un même concept elle recourt à plusieurs disciplines ;
- pluridisciplinaire, car elle utilise dans le concret du domaine thérapique des supports théoriques appartenant à des disciplines très différentes telles la médecine, la psychologie, la philosophie et certaines disciplines artistiques. Science empirique, expériencielle et non expérimentale, son support théorique doit beaucoup, entre autres, à la phénoménologie, de laquelle elle tire la description de sa phénoménalité.
- mais, surtout, science *transdisciplinaire,* car elle traite de *la complexité de l'affectivité*[1]. En effet, si les phénomènes décrits précédemment relèvent en partie du domaine de la logique rationnelle classique, ils deviennent en fait essentiellement compré-

1. Voir l'article de J.-L. Revardel, Considérations épistémologiques à propos de l'haptonomie, in *Présence haptonomique,* n° 5, avril 1999. Revue scientifique : organe officiel du Centre international de recherche et de développement de l'haptonomie (CIRDH, 66400 Oms).

hensibles par la pensée du complexe, dont l'épistémologie a recours à la théorie des catastrophes, à la théorie du chaos, à celle des fractales et à la logique quantique. Il y a un réel *saut conceptuel* entre ce domaine de l'expérience observable et susceptible de répétition, communément partagée par les humains (tels que partager l'espace, être au-delà de soi dans l'espace, utiliser l'intégration tactile pour mobiliser quelqu'un, se déplacer à l'aveugle, par exemple), et le passage aux effets émouvants de la tendresse manifestée dans ce *conctact psychotactile affectivo-confirmant*. Ce dernier témoigne du dépassement des simples facultés rationnelles précédentes et du développement de la personne dans son âme.

Du fait de la connotation religieuse du mot « âme », qui pouvait prêter à confusion, F. Veldman lui a substitué le terme d' **« Affectif »**. En effet, du fait de sa qualité de *science universelle de l'humain,* l'haptonomie se doit de s'abstenir de toute référence religieuse ou ésotérique que ce soit, et, reprenant les Anciens Grecs, F. Veldman a substitué au mot « âme » celui de ***thymos***[1] (l'âme, le « souffle » en tant que principe de vie), c'est-à-dire la capacité d'être-là d'emblée pour l'autre, avec toute sa tendresse et son amour « contenu ». Amour ainsi qualifié, parce qu'il donne à l'autre juste ce qu'il sied pour lui à ce moment-là : personne en détresse, enfant en colère, femme en train d'accoucher, vieillard en fin de vie par exemple.

Il s'agit donc d'utiliser tous les acquis de sa propre fonction (médecin généraliste, accoucheur, psychiatre,

1. *Thymos :* voir surtout l'article de F. Veldman, Thymesthésie, Moi-conscient, Ipséité, in *Présence haptonomique,* n° 6, 2001, p. 131-143.

pédiatre, psychologue, psychopédagogue, kinésithérapeute, infirmière, éducateur spécialisé, psychomotricien ou autre spécialité qualifiée de la Santé publique), mais avec cette approche dans une présence affective très spécifique qui, à la fois, englobe, potentialise et dépasse les compétences techniques et l'expérience de son propre domaine d'exercice.

De la même façon, la complexité de ce qui est en jeu dans un moment de travail peut se manifester par la beauté simple d'un geste juste et adéquat pour l'autre, qu'il s'agisse de corriger son dos douloureux ou de le consoler. La qualité de cette écoute singulière, qui témoigne de la présence affective, transparente, prudente (pour l'autre) et fiable de l'approchant, permet que n'importe quelle manifestation, geste ou invitation vers l'autre devienne une danse à deux. Alors, chacun, rendu sensible au tempo de l'autre, permet l'émergence d'un tempo commun qui signifie résonance et accord.

C'est ce qui témoigne du *still point* haptonomique.

Parler de **présence** en haptonomie implique de bien recentrer le but de notre propos sur le fait qu'il est question de développer les *facultés happerceptives* de l'individu, étape indispensable à l'épanouissement de son *Moi-conscient* et, même mieux, de son *ipséité*[1]. Maîtrise ou contrôle-de-soi sont encore présents dans le *Moi-conscient,* alors qu'ils n'ont plus lieu d'être dans l'*ipséité,* dans le mûrissement de la conscience-de-soi et de la connaissance-de-soi, en toute fidélité et authenticité à l'être.

1. L'*ipséité,* du latin *ipse,* « soi-même », signifie « lui-même, en personne » ; en haptonomie, le propre, le plus spécifique, authentique et essentiel de soi, chez un humain autonome et autoresponsable.

HAPSIS
Principe vital, sens de la vie
Intelligence de base

↓

VIS VITALIS
Force vitale fondamentale, instinct de vie, elan vital
La *vitalitas*

↓

«LIBIDO VITALIS»
Libido vitale à l'origine des *désirs vitaux*

↓

VIS AFFECTIVA
Force sociale de contacts, d'interactions et de relations affectives
L'Animus (l'Ame)
L' Affectif

VIS COGNITIVA	**VIS INTELLECTIVA**	**VIS AESTIMATIVA**	**VIS COGITATIVA**	**VIS CONATIVA**
Force de connaître et d'apprendre	Force de comprendre, d'entendre, de saisir, de discriminer de critiquer, de conclure	Force d'estimer, d'apprécier, de priser d'évaluer, de distinguer	Force de penser, de réfléchir, d'imaginer, de contempler - de créer *de discerner.*	Force d'entrepredre, de s'efforcer, d'aspirer à, d'effectuer.
La cognition	**L'intellection**	**L'estimation**	**La cogitation**	**La conation**

Le DISCERNEMENT

↓

INTENTIO VITALIS
Intentionnalité vitale

↓

CONATUS
Acte raisonnable de décision cogitative consciente pour arriver au Bon vital désiré
(i.e. : Bonum fundamentale et conveniens)

↓

ACTIO
Actualisation du conatus (= du désir vital bien mûri et adapté au but) pour parvenir à son « terminus ad quem ».

Actuation (de soi) par des *actes* et *actions* légitimes, bien justifiés, adéquatement (raisonnablement) orientés et adaptés à un but.

Chapitre I

LES CONCEPTS

L'*hapsis*

Entrer dans une théorie aussi vaste, structurée et « symphonique » que l'est celle de l'haptonomie rencontre trois ordres de difficultés :

– Celle d'une *nouvelle langue* liée à une nouvelle pensée, surtout pour les sciences humaines en France, pétries de psychanalyse. Il va donc falloir, avec ingénuité si possible et sans mettre aussitôt l'inconnu dans le déjà connu, entrer dans un nouveau vocabulaire, fortement marqué de surcroît de son expression d'origine dans la langue néerlandaise, beaucoup plus fine que la française quant à la richesse d'expression dans le domaine du sentiment.

– Celle de la difficulté à théoriser ce qui est de l'ordre du *phénomène* et donc de l'*expérience* en haptonomie et qui doit faire écho pour le lecteur à la fois du côté de l'éprouvé, du senti, du ressenti, du sentiment, et en même temps rendre compte d'un corpus constitué pour que sa transmission soit possible, hors l'éprouvé de l'ineffable de l'essentiel des pouvoirs de l'amour contenu et de la tendresse contenante, et donne ses repères dans le corpus des sciences humaines et mieux, même, dans celui des sciences de la vie.

– Enfin sa richesse même, que je nommais *symphonique,* parce qu'elle est constituée d'un réseau de thèmes itératifs qui traversent les grands concepts eux-mêmes comme autant de leitmotive qui constituent, au fond, l'essentiel : sécurité de base et autonomie ; plaisir, courage, désir de vivre et intentionnalité ; perception et conscience ; exister ou être ; *psyché* et *thymos* ; for intérieur (discernement) et responsabilité ; amour contenu et confirmation affective ; attachement et détachement ; espace et temps.

Il nous faut d'abord planter la syntaxe de ce nouveau « langage », avant de donner le vivant de cette « langue » qui est communication du plus essentiel entre les humains.

L'haptonomie*[1] *aspire de façon très claire et explicite à un épanouissement complet de l'être humain en bonne santé et bien-être psychique.

Elle est une science de la vie ontique (de l'être), science dont l'objet d'étude, de recherche et d'observations est la réalité et l'essence du monde de vie de l'être humain. Elle s'intéresse à l'actualité vivante de l'humain dans son existence aussi bien qu'à son *réel essentiel.* Ni travail ou approche avec « le corps » et « le toucher », ni travail avec les émotions, comme on le croit ordinairement. Son propos est beaucoup plus vaste. Sa tâche commence à la conception de la vie, par l'offre d'une ouverture à un devenir véritablement humain.

Elle s'achève au moment où l'humain termine son existence, en favorisant un détachement de cette vie comme accomplissement ultime de celle-ci, dans l'intégralité psychique de la personne.

Entre-temps, elle permet de montrer et d'expérimenter les conditions optimales de la *communication*

1. F. Veldman, *op. cit.*, p. 574.

affective interhumaine, dans le but de vivre le déploiement des désirs vitaux, dons et talents individuels et de tout le bonheur possible pour chacun. Elle décrit les *facultés* et *capacités* dont peut disposer tout être humain, les conditions de la genèse de son Affectif, présentes dès sa conception et ne demandant qu'à se développer.

Elle donne en même temps les *normes* (au sens de ce qu'il sied pour l'autre et pas dans un sens restrictif moralisant) de l'approche haptonomique valables dans toutes ses applications et thérapies.

Par voie de conséquence, elle demande à ceux qui la pratiquent le développement et la maturation de leurs propres facultés, le mûrissement de leur être en toute authenticité et responsabilité face à autrui, condition impérative pour la qualité et l'éthique de leur approche.

La définition haptonomique de ce qu'est *une personne*[1] en est l'illustration : « Un (être)-humain, digne, indépendant et autonome, doué de raison, agissant consciemment, raisonnablement, de manière responsable, c'est-à-dire se sachant responsable de ses actes. C'est un individu qui se comporte envers les autres en assumant inconditionnellement les conséquences de ses actes, conscient de soi et en accord avec sa propre authenticité. »

Présence, autonomie, conscience de soi, authenticité, raison, responsabilité pour soi et pour l'autre, dignité, autant de signifiants que sous-tendent deux concepts essentiels en haptonomie : **la *sécurité de base* et la *confirmation affective*.**

1. F. Veldman, *op. cit.*, p. 89.

Frans Veldman, fondateur de l'haptonomie, l'a découverte dans le chaos des événements atroces et dramatiques de la seconde guerre mondiale. Ce Néerlandais, alors encore étudiant en médecine, fut conduit à découvrir une communication non verbale et affective d'une grande importance entre les humains dans ces conditions extrêmes où ceux-ci deviennent capables du meilleur comme du pire. Il fut conduit à vivre et comprendre l'importance de certaines perceptions, du recours à un savoir intuitif non conscient dans les circonstances mettant un individu en danger.

F. Veldman acquit la certitude qu'un être humain, quel que soit son degré de culture et d'instruction, est capable d'être là avec ses compagnons d'infortune et de souffrance, de les aider simplement, avec dignité, lucidité et courage, sans considération d'apparence et en toute intelligence sensible de ce qui est bon pour l'autre.

Cet humain témoigne avec une abnégation et une tendresse inimaginables de toute la force de ce que F. Veldman a nommé plus tard la ***philia*** et qu'il a passé sa vie à essayer de transmettre.

La *philia* est cet « *amour humain de confirmation,* dirigé vers l'extérieur, trouvant et dévoilant le Bon en l'humain, découvrant ce Bon – *l'être bon-en-soi* – aussi bien en lui-même que dans le monde »[1]. Toute la difficulté ensuite a consisté à retrouver, en temps de paix, comment à nouveau ouvrir le sentiment des individus, dans les circonstances du travail quotidien comme dans celles de leur vie.

1. F. Veldman, *op. cit.,* p. 418.

Or, de nos jours, cette vie est encore plus tendue vers l'efficacité et beaucoup plus socialement portée et entretenue à intellectualiser et rationaliser les comportements interhumains. Mais qui a vécu la beauté et l'émotion d'une naissance, l'accompagnement d'un être cher à la mort ou s'est trouvé devoir aider une personne en grande difficulté existentielle, retrouve alors, sous la force ou l'urgence de cet appel, l'ouverture affective à l'autre commune à ces situations extrêmes.

Heureusement il se peut que ces facultés ne soient pas sous-développées, atrophiées ou détruites par une certaine éducation. Alors s'autorise-t-on une spontanéité de ***proximité*** et d'***intimité*** qui, selon les cultures, et même dans celles qui paraissent les plus libérées (sur le plan érotique, par exemple), est souvent fortement codifiée implicitement ou même taboue.

La *philia* haptonomique, cet amour de confirmation sans réserve, sans parti pris, est l'aboutissement le plus humainement accompli, sur le plan du sentiment, de ce que F. Veldman nomme ***hapsis,*** à la source de l'affectivité humaine. Ainsi en est-il du serviteur dans *La mort d'Ivan Illitch* de Tolstoï, ou de la servante qui prend dans ses bras, pour l'accompagner à mourir, une des trois sœurs atteinte de tuberculose dans le film *Cris et chuchotements* d'Ingmar Bergman.

Comme nombre de concepts dans cette science, et par souci d'une nomenclature internationalement compréhensible, le mot *hapsis* est d'origine grecque (d'autres seront en latin).

Étymologiquement, « contact » vient de *contangere,* « toucher avec et en réciprocité » (le tact est effectivement le seul de nos organes des sens qui soit à la fois émissif et réceptif, touchant et touché à la fois quand nous touchons quelque chose ou quelqu'un). Le concept latin de *tactus* désigne le toucher fonctionnel et, spécifiquement, le *sentiment*.

Car on dit aussi « avoir du tact », pour parler d'une délicatesse du sentiment dans la relation qui fait se comporter de manière juste et adéquate pour l'autre. Mais le concept grec d'*hapsis* jouit d'une polysémie beaucoup plus large que celle de *tactus*.

La notion d'*hapsis* signifiait, en grec classique, « le sentiment, le tact et la sensation », au sens de sentir, ressentir, émouvoir et de « toucher » intérieurement, d'affecter.

Le verbe *haptein* signifie : « contacter tactilement, attacher (s'attacher), nouer (une relation), se mettre en contact (tactile) avec, saisir par les sens ou par l'esprit, par l'âme ; détecter, palper, tâter, capter pour prendre (la nourriture, par exemple), entreprendre, affecter, comprendre, mettre la main, s'adonner à, s'attacher à, être en rapport avec, avoir des relations intimes avec ». Autant de notions qui révèlent la signification pluridimensionnelle de ce verbe exprimant le contact, dont le sens est beaucoup plus riche que l'idée de tact.

Hapto (au nominatif du verbe grec) signifie : « j'approche tactilement (l'autre), j'établis par l'approche tactile un contact pour rendre sain, pour guérir ("rendre entier", comme le disent d'autres langues ; en allemand : *heilen* ; en néerlandais : *helen* ; et, en anglais : *to heal*), pour affermir (l'autre dans son existence) ». Ainsi est né le vocable **« haptonomie »** : de ce verbe ***hapto,*** au sens précédemment évoqué, et de ***nomos***, qui veut dire « lois », « normes ».

L'*hapsis* est à l'origine de toute la fonctionnalité du corps (le *somatosensorium*) et porteuse en germe, chez chaque individu, des qualités intelligentes, intuitives et affectives, à tonalité de *sentiment,* qui dépasse largement la seule qualité perceptive du « tact » primitif et en font une faculté créatrice complexe (le *psychosensorium*).

Cette double qualité de l'*hapsis,* en tant que tact (ou réseau d'organes des sens « tactiles », de perception) et en tant que sentiment (vie émotionnelle intime, affective), considère la *psyché,* l'âme (le *thymos*) ***et*** le *soma* (le physique), **comme une entièreté**. Dans ce contexte, elle a acquis une valeur très spécifique en haptonomie, comme fondement explicite de l'*intelligence.* Elle possède en effet des qualités intellectives et affectives de connaissance, de compréhension, d' *« aspiration à »,* de *cognition,* d'*estimation,* de *cogitation* et de *conation* (prise de décision raisonnable pour l'accomplissement d'un but), qui sont à la base même de l'intelligence.

Tous les systèmes et tous les organes sensoriels se sont développés au cours de l'évolution biologique (phylo- et ontogénétique) à partir de ce tact primitif. L'*hapsis* est donc à l'origine de toutes les facultés psychosensorielles avec pour effet la constitution des facultés haptonomiques de contact (tactile proche) et haptiques (de l'espace autour, du lointain) bien déterminées. Et elle est aussi à l'origine des facultés affectives les plus hautes et les plus subtiles dans les rencontres interhumaines.

Il faut bien saisir ce concept dans le détail car il est le *creuset* de cette théorie (un concept organisateur transversal, en quelque sorte) pour comprendre le développement des facultés perceptives qui sont essentielles dans le développement affectif de l'humain. Il en résulte *une théorie des perceptions et de la corpora-*

lité animée[1] à partir de quoi se construit une certaine conception de *l'humain se représentant au monde de vie.* Dans ces liens que nous allons décrire entre perception et conscience, réside la description des *facultés de représentation haptonomique* pour le moi – et, selon le degré de maturation affective –, le *Moi-conscient* ou, mieux, l'*ipséité.* Dans le monde de contact et de rencontre, ce sont ces facultés fondamentales par lesquelles l'individu va s'engager tant au respect des normes éthiques qu'aux exigences existentielles de la société, facultés formalisées dans l'*hexagramme ontique* auquel a recours l'haptopsychothérapie[2].

F. Veldman, afin de montrer en quoi ce tact primitif est à l'origine de toutes ces facultés intelligentes et sensibles, part de l'élémentaire de l'unicellulaire vivant (un *zoön*) et de ses rapports au monde environnant pour aboutir à la complexité de l'être humain, avec toute la palette de sa vie affective. Cette vaste métaphore de la cellule à l'humain permet de décrire comment s'est constituée l'existence en tant que présence au monde.

L'*hapsis* est décrite comme *un principe originel de vie, source d'un complexe sensoriel de fonctions d'observation, de perception, de sensations et de sentiments, et* ***qui forme aussi bien l'origine de l'intelligence et de la conscience, que de la vie affective.***

À un niveau strictement corporel substantiel pour la conservation de la vie, c'est un « tact » primitif capable de discriminer le Bon du Mal pour la conserva-

1. La *corporalité animée* est au cœur de la rencontre affective et c'est elle qui, dépassant le corps et la corporéité, révèle le sujet dans toute son intentionnalité vitale et l'authenticité de sa personne.

2. Voir F. Veldman, *op. cit.*, p. 578.

tion de soi. C'est une sorte de sens de base de la vie, au début, qui, à partir de ses qualités fondamentales de *percevoir, distinguer* et *apprécier, cogiter sur le perçu, tendre vers un but, mémoriser* et être capable de remémoration, va permettre à la vie de se différencier progressivement et notamment par rapport aux éprouvés de *plaisir* (Bon pour la vie) et de *déplaisir* (Mal pour la vie).

À partir de ces qualités fondamentales, il est aisé de comprendre comment peu à peu vont se différencier un dedans et un dehors. Vient alors la nécessité de se nourrir et d'excréter, d'aller vers ce qui est bon pour la survie et d'éviter ce qui est mauvais ou dangereux pour elle. Ainsi se structurent des apprentissages, qui amènent à connaître et à prendre conscience de soi et du monde extérieur.

Les perceptions vont donc prendre valeur de ressenti, début de sentiment, comme fondement de la prise de conscience et attribution de sens et contenu aux vécus. Autrement dit, s'instaure une vie intérieure émotionnelle primitive, avec un début de conscience de soi et de l'autre, en lien avec le milieu de vie.

C'est là un passage important du développement de la relation avec l'extérieur qui pose en germe la question du *sens que prend l'autre existence pour ce « protozoön »* : Bon ou Mal vital pour son existence ? Cela nécessite donc une estimation, un choix, une prise de position et la naissance de *valeurs éthiques.* Le partage de l'espace vital avec un autre être vivant, un semblable, pose dès lors une question suivie d'une décision essentielle : rejet de cet autre comme une menace *a priori,* ou acceptation de cet autre comme Bon ? Si c'est le cas, il est reconnu et affirmé dans son existence, son être-là.

C'est ce qu'en haptonomie on nomme *affirmation existentielle de l'autre* : c'est le constat et l'acceptation – la reconnaissance – de l'existence de l'autre : reconnaître qu'il est là, dire *oui* à son existence et à sa présence, et respecter le droit à sa propre place au monde.

L'affirmation existentielle implique la reconnaissance inconditionnelle pour chacun du droit principal à une place à part entière dans le monde humain, et à sa participation à ce monde en tant qu'humain, dès sa conception, sans discrimination de race, de couleur de peau, d'origine, etc.

La deuxième forme de la rencontre est l'*affermissement rationnel de l'existence.* C'est la validation intellectuelle, rationnelle de l'existence concrète de l'autre, qui suppose la justification de son être, de sa présence et de sa réalité fonctionnelle (sa façon propre d'exister dans sa représentation-de-soi) ainsi que de son unicité et de sa valeur humaine.

C'est une *affirmation réciproque, bilatérale,* qui joue un rôle important dans les rapports sociaux.

« Une humanité réelle n'existe que là où cette capacité peut s'épanouir » (Martin Buber)[1]. À tous niveaux et de multiples façons, les humains s'affermissent les uns les autres dans leurs qualités et leurs capacités.

La troisième forme, *la confirmation affective de l'être, spécifiquement haptonomique,* **est la plus importante pour le développement affectif de l'être humain.** Elle va bien au-delà de l'affermissement rationnel de

1. Citation partielle d'un texte de Martin Buber cité lui-même par F. Veldman, *op. cit.*, p. 46 et 47.

l'existence en ce qu'elle découvre, révèle et confirme l'être vrai et essentiel de l'autre, son Bon personnel et individuel, sa valeur intrinsèque. Bien plus que la confirmation de ce qu'il est dans son existence, c'est l'estimer et l'assurer dans son essence, le confirmer dans son authenticité, ce qui est le but de tout développement individuel. Elle exprime l'affectivité partagée : l'affection, la sympathie, qui font naître l'*inclination sincère en réciprocité,* qu'il s'agisse d'amitié, de tendresse ou d'amour dans un partage commun du bon comme du mauvais, de l'agréable ou du pénible, du plaisir ou du déplaisir.

C'est donc à partir du tact originel, monde de vécus primitifs, et début de la rencontre affective, qu'un Bon fondamental, exigé pour la vie en commun, a pu se développer. Ainsi s'est ouverte dans sa forme la plus primitive la voie d'une *communauté d'individus,* vivant ensemble, se réunissant ou s'unissant.

À partir du fonctionnement de cette unité initialement décrite *(protozoön),* avec ses capacités déjà présentes de faire face à l'existence, se constitue un schéma généralisable, en passant à plusieurs unités associées *(metazoön),* « faisant corps », se hiérarchisant selon les différentes fonctions nécessaires à la survie et à la relation avec le milieu environnant. La formation du cerveau, en tant que « chef », devient alors nécessaire à fin de rassemblement des informations, coordination, centralisation et régulation des autres spécialisations de cet organisme composé de plusieurs unités. Mais c'est également à partir de l'*hapsis,* tact fondamental, archaïque, que s'effectue la différenciation de tout un ensemble complexe de récepteurs (chimio, baro, thermo, etc.) dans lesquels se distinguent les organes des sens, indispensables pour déchiffrer les informations venant du monde interne et externe[1].

En ce qui concerne le corps humain, on retrouve analogiquement la même symbiose, la même unification hiérarchisée de plusieurs unités pour affronter le monde extérieur et vivre. En effet, chez les êtres vivants supérieurs, l'humain en particulier, cet entrelacement organique sensoriel englobe un ensemble très complexe de récepteurs, d'organes de conduite et de régulations multiples, qui sont contrôlés et dirigés pour une partie de manière autonome et pour une partie de manière volontaire.

Dans cet état cellulaire symbiotique que représente le corps humain, naît aussitôt le besoin d'un « sens des profondeurs », pour percevoir interactions et interrelations, entre les différents organes internes et avec le monde des représentations.

C'est donc sur la base de ces évolutions spécifiques de l'*hapsis* que se sont développées la *somesthésie* et la *koïnesthésie* :

A. La *somesthésie,* conscience de la corporéité substantielle, sens qui révèle la position et l'état de chacun de ces éléments les uns par rapport aux autres. Elle contribue donc à constituer un sens fondamental d' « unité », d'intégration qui va évoluer jusqu'à devenir un sens de la *corporéité* en tant que telle. Elle comprend :

a / La *kinesthésie,* avec ses qualités sensorimotrices, statiques et dynamiques de nature extéro-, intéro- et proprioceptive, et la sensitivité caractéristique de position et de port en tant qu'attitude individuelle sur la base d'un *sens de la profondeur* global, typo-

1. Pour un plus grand détail de ces différenciations sensorielles, voir F. Veldman, *op. cit.,* p. 56 à 70.

logique et constitutionnel (un bureaucrate citadin ne « se portera » pas comme un athlète de haut niveau !).

b / La *cénesthésie,* avec ses qualités intéro- et proprioceptives inhérentes aux fonctions des organes intérieurs (les « entrailles »).

c / La *thymesthésie,* faculté sensible de vivre le contact et les émotions, et qui, en lien avec la somesthésie, permet le vécu de :

B. La *koïnesthésie,* en tant que sentiment – *conscience* – de l'entièreté (de l'intégralité) et de la *complétude,* avec ses ressentis de bien-être et la notion vécue de la *corporalité animée.* Elle dépasse donc la corporéité, en exprimant l'entité et l'essence de l'existence propre.

L'haptonomie considère l'humain principalement comme une entité indivisible, une intégralité qui se révèle en tant que *corporalité animée.* Cela se traduit par une façon caractéristique de **« se présenter »,** d'être présent au monde de façon à révéler son « être-là » individuel. Cette façon d'être présent au monde culmine dans la faculté de rencontre et d'être ensemble, de vivre dans une communauté.

« Ressentir » et « vivre » impliquent donc aussi d'être placé dans une réalité sensible subjective vécue émotionnellement. Chaque être en vient à se constituer une certaine image du monde, **sa** réalité, à partir du monde des communications avec ses semblables, où la part subjective sera toujours la plus importante et devra sans cesse être confrontée avec *le réel* du monde qui l'environne. Ses ressentis liés aux vécus psychiques de son existence personnelle *(psychosensorium),* inhérents aux informations venues de sa corporéité (du *so-*

matosensorium), lui donnent préalablement son *image du corps* et constituent une totalité psychophysique, *une image de Soi, en tant que corporalité animée.*

Dans le contexte haptonomique, cela veut dire que l'humain est devenu confiant, intime et familier de son corps et de sa fonctionnalité corporelle de telle sorte qu'il peut l'engager en toute clarté et franchise dans les contacts de rencontre. On en conçoit, bien sûr, l'importance dans la vie intime affective, mais aussi dans le soin et la pédagogie, où cela peut permettre d'être auprès de l'autre, très proche parfois, sans être gêné ou encombré de son « corps » – sa corporéité –, parce que c'est l'être-Soi de la corporalité animée qui est en jeu. Les perceptions et les sensations dans ce contexte sont riches de significations, d'évaluations et d'appréciations psychiques, de *valeurs.*

La *corporalité animée de rencontre,* porteuse des aspects émotionnels du vécu de Soi et de *l'image de Soi,* transforme la simple perception corporelle en une *aperception,* beaucoup plus riche de ces facteurs instinctifs, intuitifs et capables d'images inspirant les conduites et les comportements. Cela, grâce à un *sentiment fondamental de sécurité de base* pleinement vécue, sentiment intérieur de bien-être et de confort, sentiment de complétude ou *koïnesthésie* (être entier, sain et en équilibre psychique). Le vécu de la *koïnesthésie* joue un rôle important dans la libération des limites de l'individu et la faculté de développer son *happerception,* c'est-à-dire *sa perception haptique, son sens de l'espace.*

L'image du corps devenue *image de Soi* devient alors, dans une intégration psychique complète, *une image de l'Être,* unique, authentique, caractéristique de sa *personnalité.*

C'est la corporalité de représentation.

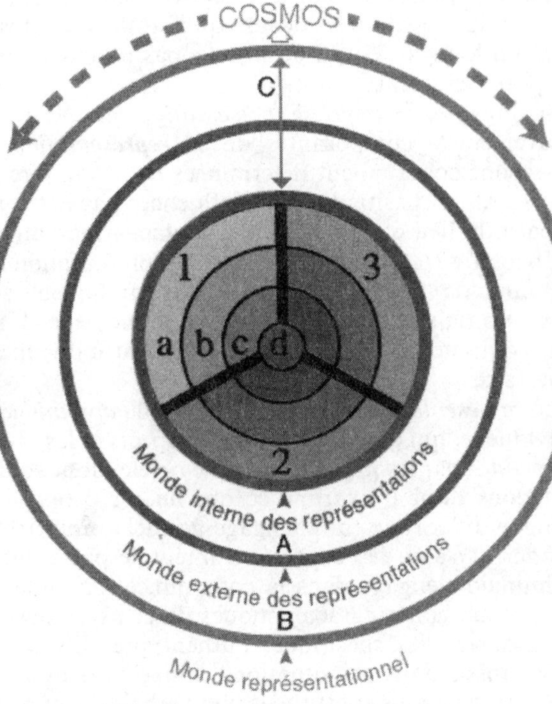

© Frans Veldman

L'humain (se) représentant au milieu du monde-des-représentations, en relation avec le monde représentationnel et le Cosmos qui l'entoure.

La flèche **A** indique l'interaction entre les mondes-externe-et-interne-des-représentations.

La flèche **B,** celle entre le monde représentationnel et ces mondes.

C = la relation avec le Cosmos.

L'être humain est ***un être de communication,*** et même lorsqu'il désire l'éviter, qu'il tourne le dos à ceux qui le regardent, il ne *signifie* pas moins, malgré lui, pour celui qui le voit.

Sa *présence* comme sa *présentation,* en perpétuel mouvement – composantes de sa ***représentation de soi*** –, sont couramment déterminées dans son être-là, par des rapports situationnels influencés par le temps, l'espace, le lieu et la qualité du contact avec autrui.

Chacun *se* communique par la représentation de soi, faite de gestes, d'attitudes qui impliquent son adaptation à son monde de vie, son monde social, ses us et coutumes et sa façon spécifiquement individuelle de le faire.

La *représentation de soi* se révèle par l'*haptomimique* individuelle, qui comprend tous les aspects et les diverses facettes par lesquels l'humain se révèle, donc toutes les façons dont il exprime ce qui lui est propre. Ni « langue du corps », ni « langage gestuel » universel à décoder, il s'agit de l'expression intégrale par laquelle un humain s'engage dans la communication. Elle est liée aux modalités caractéristiques de la psychomotricité individuelle, spécifique, authentique. Elle comprend aussi, dans les situations non conscientes, les postures, réactions et attitudes non verbales – ou *méta-communication* – qui infléchissent fortement l'interaction communicative à l'insu des partenaires (morceau de choix pour les imitateurs ou les comiques !).

Elle comprend également la physionomie individuelle, l'expression orale individuelle (le rythme de la parole, le timbre de la voix), la participation du souffle et l'expression-de-soi par des figurations métaphoriques telles l'écriture, le modelage, les jeux de rôle, la danse.

Enfin, la qualité de l'haptomimique, sa franchise, son ouverture, c'est-à-dire la façon d'être présent au cours de l'échange, est, pour finir, la manière propre, pour chacun d'entre nous, d'être dans le monde, de faire face au monde et de se présenter dans toutes les formes de représentation qui nous mettent en communication avec lui.

L'haptonomie accorde une grande importance à la *corporalité animée de rencontre* (et à l'*haptomimique* qui en est le témoignage et la manifestation), c'est-à-dire à la manière dont nous *signifions notre présence* à l'autre.

Dans son élaboration conceptuelle, F. Veldman s'est attaché à définir l'intériorité et l'extériorité, à partir du perceptif dans le contexte de cette notion de « représenter ». Une personne que l'on rencontre est un représentant de l' « Humain » en général : elle représente l'individu qu'elle est, et elle *se* représente (s'actualise) constamment par sa présence à la situation dans laquelle elle se trouve.

Représenter, en haptonomie, signifie :

• Pour l'humain, *être présent humainement* au monde, conscient de sa place, y prenant part, et donnant part et ayant part à la vie, y participant. De façon spécifiquement personnelle, c'est faire face au monde et être dans le monde.

• Pour les *réalités non humaines,* il s'agit de la réalité actuelle par laquelle se présentent des choses, phénomènes, objets, les autres êtres vivants, les événements naturels – qui se manifestent ou se déroulent dans le monde de vie – et par rapport auxquels l'humain se voit situé, avec lesquels il a des échanges et des relations, ou dont il se sert.

L'haptonomie différencie ainsi trois mondes existentiels.

Le monde représentationnel, qui est le monde naturel dans lequel nous vivons et qui n'est pas le même pour un aborigène d'Australie, ou un agriculteur d'Île-de-France ; monde avec sa faune, sa flore, son climat, ses catastrophes naturelles, etc.

C'est donc celui **auquel** l'humain est exposé, qui lui est extérieur.

Le monde des représentations, qui est le monde des contacts, des interactions et des rencontres, qui interpellent et questionnent l'existence humaine et sont à l'origine de traces de mémoires, nommées *empreintes* ou *engrammes* dans l'Affectif humain. C'est le monde social, du vivre-ensemble **dans lequel** l'humain se trouve.

Ce *monde des représentations* se divise lui-même en un *monde externe des représentations,* celui de la relation aux autres, et un *monde interne des représentations,* celui des représentations qu'il a intériorisées dans sa vie psychique et son *thymos,* venant de soi-même et de sa relation affective au monde, en particulier ses proches, ses semblables.

La relation avec **le monde externe des contacts, de rencontres et de représentations, s'il est vraiment humain, représente l'*Affectivité.* Et ce sont ces expériences** qui ont **le plus d'importance pour l'humain,** même si, faute de les avoir reçues au cours de leur enfance, certaines personnes peuvent exprimer, en thérapie, combien le monde représentationnel, la nature et sa beauté ont pu les consoler et les aider à vivre. En effet, ***l'Affectif doit être nourri,*** et, à défaut de recevoir dans leur propre famille les représentations affectives de tendresse et de confirmation, source d'impressions et de ressentis de bonté et de beauté, ces personnes, dans l'isolement de leur enfance, s'en consolaient dans le contact émerveillé et apaisant de la nature.

La perception est donc considérée comme un processus actif pour la constitution du psychisme chez l'enfant, où les données sensorielles non encore structurées, rassemblées dans l'observation, peuvent être changées par l'Ego – qui est au centre, dans le schéma de l'humain se représentant[1] – en vécus **aperceptifs** pleins de signification, doués de sens. En effet, tout enfant sain est attention déployée, curiosité vers ce qui l'environne.

Il se questionne constamment sur le sens des expériences-de-représentation qu'il est conduit à vivre au contact de ses proches autour de lui. Il est mis en état d'éprouver des vécus, des expériences en provenance de différentes sources, de les organiser et de les structurer pour qu'ils deviennent *signifiants* pour lui. Il lui faut d'abord connaître le monde qui l'entoure, par toutes les expériences du quotidien, dans la sécurité affective de sa famille, pour en prendre conscience et leur donner sens.

C'est dans le lien affectif et langagier avec son entourage qu'il va intérioriser les *images* qu'il se fait ainsi des objets et des sujets qui l'environnent.

Ces *représentations* sont engrangées dans son *monde interne des représentations* où elles se réfèrent à ce qu'il expérimente du monde qui l'entoure, son milieu de vie où il grandit en découvrant et apprenant.

Elles prennent d'autant plus sens pour l'enfant qu'elles peuvent être intégrées dans un contexte où elles sont « affectées » d'éprouvés de plaisir au

1. Schéma détaillé, p. 27.

contact des siens et, par conséquent, mémorisées dans l'Affectif, le *thymos*.

Ce monde de vécus, d'impressions, de perceptions et de ressentis constitue la vie intime individuelle, de par sa nature, éminemment subjective, au centre duquel siège l'Ego qui ressent. Lorsque des repères stables et tendres avec des objets (« sujets » !) d'amour et d'autorité ont permis une intégration adéquate et sensée de ses expériences, l'enfant acquiert une confiance en soi.

Il se montre plein d'assurance, d'autonomie et capable d'autoresponsabilité. Il puise dans cette confiance son authenticité, la clarté de ses désirs vitaux et de son autodétermination, y compris face aux adultes qui abuseraient de leur pouvoir ou de leur séduction. Cela n'exclut en aucun cas la participation de son imaginaire, source d'images riches et créatives, mais ne le laisse pas s'enferrer, perdu sans références, dans ses fantasmes.

Cet appel instamment fait à son ***intentionnalité vitale*** depuis tout petit est une constante qui traverse toutes les applications tant éducatives que soignantes en haptonomie. Cette source de courage et de désir de vivre est sollicitée dès son plus jeune âge comme, par exemple, lors du premier détachement et portage par le père, premier défi libérateur juste au moment de la naissance dans un cadre haptonomique.

La conceptualisation et la formation d'un *monde interne des représentations* sont des fonctions primordiales de l'Ego. Elles se développent par des processus que nous avons vus à l'état naissant au cours du développement de l'*hapsis,* à savoir la *cognition,* l'*estimation,* la *cogitation* et la *conation* (acte de décision cogitative consciente pour arriver à un but désiré) à partir d'une ***libido vitale***[1], bien éveillée, dans le contexte de *plaisir* et de *déplaisir*.

Cette libido vitale est elle-même dépendante, pour s'épanouir, des qualités d'*affirmation,* d'*affermissement existentiel,* mais surtout de confirmation *affective* de l'Être par son entourage *proche*.

L'amour-de-soi, l'estimation-de-soi-même comme « Bon » – parce que, du fait de cette confirmation, on se vit comme *« Bon » en soi –,* est nécessaire pour pouvoir s'engager dans les relations et contacts affectifs en apprenant à aimer autrui.

Le Bon dont il est question en haptonomie est celui que l'humain représente ***en puissance*** *dans* son être et que révèle la confirmation affective. Il n'est qu'en germe au début de l'existence et doit être développé et nourri dans un environnement sécurisant et aimant. Mais il lui faut d'abord s'aimer soi-même, ce qu'il ressent dans le Bon réciproque et mutuel de la confirmation affective haptonomique.

Si ce Bon en puissance n'est pas nourri des impressions affectives confirmantes indispensables à sa croissance et à l'établissement d'un *discernement* qui lui donne une capacité d'estimation de ce qu'il ressent et vit et de cogitation à ce propos, cela peut laisser la

1. L'haptonomie distingue une *libido vitale,* liée au développement de l'*hapsis* et qui est à différencier radicalement de la libido sexuelle, au centre de la théorie psychanalytique. Elle est l'actualisation intelligente de la *vis vitalis* inhérente à l'*hapsis* bien inspirée et guidée par l'Affectif. Elle amorce la créativité originale qui donne sens et signification, contenu et valeur à la vie.

La libido vitale stimule l'*intentionnalité vitale* et se trouve donc à la base de tout développement de la vie et de tout épanouissement de soi. C'est donc redonner un sens beaucoup plus originel au mot *libido.*

place, dans ses *actualisations*[1], aux pulsions et fantasmes et à toutes les déviations caractérielles ou psychopathologiques susceptibles d'en résulter par compensation.

À tout moment de l'existence, de la conception à la mort, confirmer autrui dans son existence, c'est le reconnaître, l'estimer et l'affermir dans le Bon qu'il *représente ou peut devenir*. C'est la promesse offerte à l'enfant à naître, au cours du travail prénatal avec lui et ses parents. C'est ce qui est encore possible et peut même permettre encore à un être de mûrir et d'accomplir les derniers moments de sa vie, dans l'accompagnement haptonomique de fin de vie.

Le développement des fonctions cognitives, estimatives, cogitatives et conatives de l'Ego a pour résultat ce *discernement* à base de plaisir et de déplaisir qui donne qualité de *signe* ou de *symbole* à connotation positive ou négative aux êtres et aux objets environnants à partir des expériences vécues en interaction avec eux, faisant fortement appel à l'*intelligence*.

On sait, par les travaux étudiant le développement de l'enfant combien sont nécessaires pour le développement de son intelligence et la genèse de son psychisme les expériences sensorimotrices précoces qu'il fait avec son entourage et dans son environnement, même s'il ne faut pas négliger la part ontogénétique héréditaire qui conditionne aussi ce développement.

1. L'*actualisation de soi* est une forme spécifique de la représentation de soi existentielle, qui révèle la manière personnelle d'agir, compte tenu du développement et de la disposition intelligente.

L'*actuation de soi* est plus essentielle, elle n'est plus soumise à des limitations. Elle est révélatrice de la disposition d'un épanouissement des dispositions de la constellation significative.

L'haptonomie insiste dans ce contexte sur le constat de l'importance des premiers contacts *tactiles* de nature à confirmer la valeur affective de l'être, les câlins pleins de tendresse et d'amour ainsi que les contacts rassurants *peau à peau* comme expériences précoces de représentation. Ces premières sensations et expériences, ces premiers vécus venant de son corps propre, qu'il distingue ainsi peu à peu, lui apprennent à connaître et vivre sa propre existence.

Il découvre une certaine *notion* de son corps, laquelle devient *image* de son propre corps, puis petit à petit *corps qui est sien.*

Il apprend à distinguer *le subjectif de l'objectif,* mais aussi *l'apparence de la réalité.* Les sensations, les ressentis et les vécus du tactile sensible lui indiquent le *chemin pour **faire pénétrer l'intelligible dans le sensible.*** Cela veut dire que l'enfant a besoin d'expériences sensibles, « sensuelles » même, au sens haptonomique de la délectation de toutes les sensorialités, dans la mesure où elles doivent prendre sens dans le contexte d'un vécu de plaisir, plein de réjouissance et d'agrément. C'est ainsi que peut se développer la ***thymesthésie,*** faculté de perception affective, liée au ***thymos***.

Rappelons brièvement que l'haptonomie reprend le terme de *libido* dans son acception originelle (qui n'a rien à voir avec la libido sexuelle de la psychanalyse) et parle de ***libido vitale***. Cette *libido vitale* est à l'origine de désirs vitaux existentiels, d'ordre rationnel, comme les désirs utiles de la faim ou de la soif.

Mais le plus important, ce sont les désirs vitaux de nature affective, désirs d'âmes, essentiels, propres à confirmer la personne, tels ceux de la tendresse. L'accomplissement de la satisfaction d'un désir vital doit comporter cet aspect de délectation franche, de plaisir, de *Lust*[1], pour donner à l'être ce sentiment d'« être bon ».

« La *delectatio* se présente comme le terme final d'un désir vital de l'Affectif parvenu à sa maturité. »[2]

Il est utile ici d'insister sur l'importance de la confirmation affective et de la sus-jacence des vécus de plaisir liés à la maturation des désirs d'âme, essentiels au développement et à la maturation de l'être et de son authenticité. Car en particulier dans l'haptopsychothérapie, les effets à la fois libérateurs et structurants du contact psychotactile affectivo-confirmant sont à l'œuvre. La confirmation affective a pour conséquence une autre façon de ressentir et de discerner les expériences et vécus, cela ne peut se comprendre que si l'on donne toute sa portée à *« mettre l'intelligible dans le sensible ».*

En anticipant quelque peu sur notre propos, il s'agit, grâce à l'accompagnement haptopsychothérapique, de vivre de nouvelles expériences dans le domaine du sensible affectif. *Il est alors possible de faire apparaître le véritable réel de la personne, d'activer son intentionnalité vitale, qu'elle s'autorise à ressentir ce à quoi elle aspire profondément et de le lui rendre intelligible, ce qui remanie son monde interne des représentations.*

Cela a pour effet non de transformer l'individu, mais de lui permettre de *développer l'authenticité de sa personne,* ce qu'il n'avait pu jusque-là. Cela lui permet

1. La notion de *Lust,* en allemand, ou *lust* (anglais et néerlandais), englobe aussi bien la notion de désir que celles de passion envie, plaisir et délice. Traduite par « plaisir » en français, elle serait « appauvrie » de sa polysémie, ce pourquoi elle est conservée par F. Veldman dans sa langue d'origine (*op. cit.,* p. 32-34).

2. F. Veldman, *op. cit.,* p. 219.

aussi de se libérer, d'accepter et de supporter tout autrement la réalité.

Il est évident aussi que se pose dans ce cadre toute la complexité et l'infinité des images que l'enfant va constituer dans *son monde interne des représentations* et dont l'adulte porte les traces mnésiques. Il engrange le bon vécu aussi bien que les frustrations, traumas, et toutes sortes de constructions imaginaires et fantasmatiques souvent élaborées pour suppléer aux manques des expériences de représentation d'ordre affectif qui sont les plus essentielles.

Prenons par exemple l'*image mère* : elle est faite d'une myriade de sensations corporelles, d'intonations de la voix et de paroles, de situations vécues, d'émotions et de sensations qui constituent une myriade de représentations que l'enfant va interpréter avec plus ou moins de clarté et, pour finir, qu'il va enregistrer dans sa mémoire comme une myriade d'expériences-de-représentations.

Le *travail de la mémoire* est conceptualisé en haptonomie autour du *degré de conscience des perceptions et du degré de présence de l'individu au monde qui l'entoure.* Cela, à l'intérieur même de dispositions génétiques qui vont l'infléchir également et lui donner sa « couleur » (être plus visuel ou auditif par exemple dans les apprentissages).

En tout cas, toutes ces expériences vont lui donner une *notion de soi,* plus ou moins consciente, impliquant le développement d'un *Moi-conscient* qui remplace et recouvre la nudité de l'*Ego initial.* Cela se déroule quand les offres de confirmation affective dans une ambiance aimante et sécurisante, chaleureuse et ferme à la fois, lui ont permis de développer un *état de sécurité de base stable qui le rend autonome.*

Si cette ambiance manque, faute de confrontations confirmantes liées à une autorité posant des défis clairs et accessibles et des limites conséquentes et fiables, dans la constance de la présence et d'un amour sécurisant, ce développement du *Moi-conscient* ne pourra se faire. L'Ego restera déterminant et favorisera une *représentation-de-soi* marquée d'égocentrisme, voire d'égoïsme ou d'égotisme.

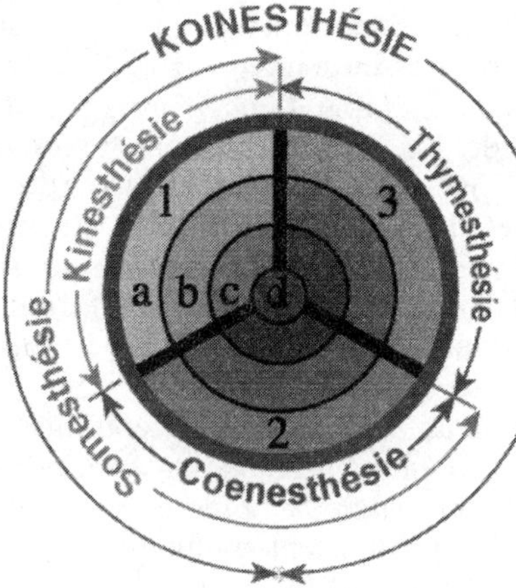

© Frans Veldman

* Le secteur 1. La ***kinesthésie*** avec ses subdivisions : – arthresthésie – statesthésie * Le secteur 2. La ***coenesthésie***	ensemble contenant ***la Somesthésie***	S'il existe une bonne intégration de ces trois secteurs, ils s'unissent dans la ***koïnesthésie*** qui témoigne d'un ***sentiment de complétude*** de représentant ***la corporalité animée***.
* Le secteur 3. La ***thymesthésie*** (l'Affectif)		

On voit de plus en plus de ces enfants en difficulté pour s'identifier à l'autre et qui peuvent ainsi commettre des actes cruels ou meurtriers sans aucune émotion ni compassion pour leur victime. Ne pouvant vivre leur propre « Bon », ces enfants ont de réelles difficultés à rencontrer en ce cas le « Bon » de l'autre.

Le concept haptonomique de l'humain se représentant face au monde de vie

Rappelons que tout ce qui est défini dans la perspective haptonomique est à concevoir non dans un contexte de schéma corporel ou de pensée rationnelle du corps-objet, mais dans un monde de rencontre affective où l'humain est appréhendé en tant que *corporalité animée.* Il s'agit d'une image de Soi représentant l'humain dans son intégralité psycho-affectivo-physique, c'est-à-dire : son être Soi-même en tant qu'être entier.

C'est en communiquant avec autrui par ses attitudes, ses comportements, sa conduite, son émotivité et son affectivité, à partir de sa constitution typologique et ethnologique, qu'il *se* représente et *se* révèle dans toute sa présence.

Ce concept est schématisé par une sphère. L'individu – et son *monde interne des représentations* – y est représenté au milieu du *monde externe des représentations,* lui-même placé au sein du *monde représentationnel* naturel[1].

Cette sphère de la représentation existentielle de l'individu est ici illustrée par un cercle, divisé en trois secteurs (**1, 2** et **3**) correspondant respectivement à la

1. Voir fig., p. 38.

kinesthésie, à la *coenesthésie* et à la *thymesthésie.* Ces trois secteurs communiquent nécessairement entre eux dans une interrelation réciproque, continue, indissociable et interdépendante.

La sphère (et donc chaque secteur) est également subdivisée en trois strates **(a, b, c)** représentant des zones perceptives de sensibilité et de vécus : périphérique, médiane et péricentrale.

Au centre **(d)** se trouve l'*Ego* de l'individu ou – si une certaine maturité psychique est accomplie – le *Moi-conscient* et plus, l'*ipséité* de la personne. Cependant cette maturation est propre à chacun, fonction de ses prédispositions initiales et des offres de confirmation affective rencontrées dès le début de sa vie. C'est dire que rares sont les personnes qui, du fait des carences de représentation affectives proposées à l'enfant dans les conditions éducatives actuelles de notre monde occidental, parviennent au fil de leur vie au plein épanouissement de leur essence, authentiquement vécue dans leur existence.

Les trois secteurs sont organisés ainsi :

En **(1),** la *kinesthésie,* comprenant les sentiments et vécus perceptifs de la motricité tant dans ses aspects biophysiologiques que dans les informations venant de l'extérieur, comme de l'*intéroception,* que, surtout, celles de la *proprioception* qui accompagnent les actualisations de soi par des mouvements conscients et subconscients. Le contrôle – partiellement non conscient – du port, de la position, la bonne coordination des actes et actions et leur bonne adaptation au but.

En **(2),** la *coenesthésie,* ce qui concerne la perception des organes internes et leur organisation interactive. Les secteurs **1** et **2** ont une influence importante sur le ressenti interne et, ensemble, représentent la *somesthésie* (de *soma* = corps), les sentiments et vécus de la *corporéité* fonctionnelle et de la *corporalité représentative,* avec une signification existentielle de bien-être ou de malaise qui dépasse la *corporéité*. Une gastroentérite a pour effet ce malaise général à point de départ digestif, tout comme la veille d'un concours un étudiant peut éprouver des crampes abdominales témoignant de son angoisse avant une épreuve d'examen.

La *corporalité* représente le corps substantiel qui constitue *l'être-là physiquement* au monde, « mon corps » à moi dans et avec lequel je vis, que j'ai dû accepter comme réalité vitale de mon existence, ou que, par exemple, je peux narcissiquement adorer ou détester.

En **(3)** est la vie intime affective, celle des émotions et des sentiments, des impulsions et du for intérieur (la *thymesthésie*). **C'est là le siège apperceptif de la capacité d'être et de rencontrer affectivement autrui.**

En bonne santé psychique, les trois secteurs sont connectés et communiquent par des échanges continus. Ils forment ensemble une *unité vitale*. En ce cas l'être humain se conduit dans sa vie avec une *Raison irradiée par l'Affectif* et le sentiment qu'il a de lui-même est un vécu sûr de *complétude*. L'intégration complète des trois secteurs se révèle dans le vécu de la *koïnesthésie,* le vécu intégral d'être une unité psychosomatique, qui est le propre de la *corporalité animée*.

Mais si l'entendement domine, comme le fait de plus en plus craindre et observer notre monde d'***Effectivité,*** au détriment de l'**A**ffectivité réprimée, par exemple au cours de l'éducation, ces facultés affectives liées au bon développement de l'*hapsis* sont en friche, sous-développées, atrophiées ou sclérosées.

En ce cas, la manière d'exister de l'individu correspond à un manque de vécu d'intégralité, il vit un *sentiment d'incomplétude,* il est vulnérable.

Cette schématisation d'une sphère en trois secteurs est à inclure dans la sphère existentielle de l'individu, au milieu du *monde externe des représentations* avec ses interactions.

Les sphères concentriques plus périphériques (dans la topographie du dessin) représentent le monde *représentationnel* et le cosmos, qui, en ce qui concerne ses influences sur l'humain, fait partie du monde représentationnel.

Les trois strates **(a, b, c)** se retrouvent dans les trois secteurs **(1, 2, 3)** de la sphère existentielle représentant l'individu. Elles correspondent aux zones de sensibilité perceptive qui désignent la qualité existentielle des perceptions que reçoit l'individu en permanence.

Ces perceptions, selon le degré de conscience qui les accompagne, leur intensité et l'impact qu'elles ont sur la *thymesthésie,* donnent lieu à des traces mnésiques de plus ou moins longue durée.

Selon leurs fonctions et influences, on distingue : des ***sensations, impressions, empreintes*** et ***engrammes.***

Les *sensations,* traces superficielles, multiples à chaque moment de l'existence, ne sont généralement pas aperçues consciemment. Même si elles sont importantes pour la dynamique vitale (se tenir, bouger), elles restent la plupart du temps subliminales dans la perception. Elles restent superficielles dans la mémoire à très court terme. Plus elles se font apercevoir, plus elles pénètrent dans la profondeur, plus elles deviennent des *impressions,* vécus plus conscients, qui laissent des traces dans la *mémoire à court terme*. Elles sont en général reliées à la strate **a** périphérique de perception.

Les *empreintes,* par contre, ont un caractère plus durable et s'inscrivent dans la *mémoire à moyen terme.* Elles sont conscientes et ont une valeur existentielle déterminante. Elles orientent l'attention et deviennent prégnantes quand elles pénètrent plus avant dans la profondeur de la strate médiane **b** de perception.

En fonction de leur valeur existentielle et de leur durée mnémonique, elles sont graduellement intériorisées, encodées, dans le *monde interne des représentations,* qui est en perpétuel remaniement et reconstruction.

Les *engrammes* ont toujours un caractère de longue durée et sont donc gravés dans la mémoire à long terme, dans la strate **c** précentrale de perception ou, s'ils sont de qualité très existentielle, dans le centre **d.** Ils sont au premier chef centralement conscients, mais, s'ils ont une qualité négative pour l'existence, ils peuvent être enfouis dans les profondeurs de la mémoire, recouverts en apparence par l'oubli comme dans un coffre-fort.

Cependant ils sont, de fait, toujours *sus,* bien que mis à distance au prix d'un coût psychique plus ou moins élevé.

Pour F. Veldman : « Il s'agit d'un *savoir,* bien qu'ignoré consciemment. Dans le cadre de la phénoménalité haptonomique de la personne, *toutes les perceptions,* expériences et vécus d'importance vitale et d'intérêt existentiel *sont intériorisés et encodés – engrammés – dans le centre, le Moi-conscient, et, de ce fait, sont en mesure d'être "sues" par la personne.* »[1]

1. F. Veldman, *op. cit.,* p. 159.

En effet, **à chaque secteur de perception correspond un secteur identique de la mémoire générale.** Sensations, impressions, empreintes et engrammes, ayant eu lieu et ayant été encodés dans un des trois secteurs et dans la mémoire correspondante, peuvent, si leur importance vitale et existentielle l'exige, être *répliqués dans les autres secteurs,* avec toutes les connotations afférentes de *plaisir* ou de *déplaisir.*

On peut tout à fait comprendre, en ce cas, que la même perception pour un enfant – voir un chat, par exemple – n'ait pas la même conséquence sur son vécu, selon qu'il est associé à la douceur et aux câlins ou aux coups de griffe, à la phobie maternelle ou à une crise d'asthme.

L'importance de cette *réplication* d'expériences de représentation est d'autant plus grande qu'il s'agit d'influences menaçantes pour la vie, en cas de danger. Mais elles sont également déterminantes, quand elles sont affectées de plaisir, pour l'intégration de la *koïnesthésie* et l'instauration d'un *sentiment de complétude* et d'un *état de sécurité de base* englobant la personne en tant qu'être entier.

Positives ou négatives, connotées de plaisir ou de déplaisir, de Bon ou de Mal, ces expériences vitales inscrites au centre, en **d,** influent considérablement sur la conduite et la commande du comportement. Ce dernier peut, dans le sens du développement d'un *discernement intelligent,* adapter de façon sensée les actes de la personne à ses buts.

Elle peut, au contraire, montrer la prédominance d'un secteur (intellectif ou, au contraire, trop émotionnel et pulsionnel) ayant pour effet une inadaptation plus ou moins marquée à la réalité environnante ou une adaptation apparente au détriment de son authenticité. C'est pourquoi c'est surtout *l'épanouissement de soi* dans le secteur **3,** celui de la *thymesthésie,* de l'Affectif, avec tous ces vécus plus ou moins profonds de nature *affectivo-confirmante,* bien encodés par réplication dans les secteurs **1** et **2,** qui est d'une importance majeure pour un authentique *devenir-soi.*

En somme, la représentation de l'humain ainsi schématisée montre le lien entre la *corporéité* substantielle fonctionnelle et la sensation subjective de *corporalité,* l'une et l'autre étant *intégrées à la corporalité affective,* en tant que *corporalité de représentation intégrale animée.*

Il implique aussi que les impulsions essentielles pour confirmer la vie d'un être humain et permettre son épanouissement viennent du *monde externe des représentations,* monde de contacts, de rencontres et d'échanges, qui doivent être placés sous le signe de l'*affectivité* pour prendre pleinement sens pour son humanisation.

La *confirmation affective de l'être* est l'expérience de représentation la plus importante à ce titre.

Elle fait du *monde interne des représentations* un véritable monde du Soi (et non de l'Ego) et elle offre à l'humain la possibilité de se dévoiler dans **l'Affectivité comme *art d'être,*** être-là ouvert au monde et non délimité, avec au bout du compte la possibilité de se représenter dans ses actes et actions. Non plus *s'actualiser* dans une soumission ou dépendance aux situations de l'*existence,* mais en se représentant dans l'*actuation de soi* et toute la richesse de son *essence.*

Le schéma de l'humain se représentant au monde des représentations est capital pour comprendre toute approche haptonomique dans sa diversité et sa richesse et dans les différentes variantes de ses applications.

Si l'on a bien compris l'unité et la globalité qu'il représente, ainsi que la cohérence de sa construction, on comprendra que la « voie d'abord » par un des trois secteurs, pour prendre une image d'alpinisme, du fait même de la réplication dans les deux autres, a des effets sur la globalité de la personne **si l'approchant(e) dispose de ce contact affectivo-confirmant.**

On comprend aussi les effets sur le psychisme de l'approche confirmante affective et que le « comment on se rencontre » dans ce contexte ouvert à la réciprocité ait des effets de changement maturatif sur le « comment on en vient à sentir, puis se représenter soi-même différemment au monde de vie », sans passer forcément par le « pourquoi » de l'histoire individuelle, comme on le constate en haptopsychothérapie par exemple.

Inversement, le travail par le *vécu de la base*[1] permet de contacter ce vécu du *fondement de l'être,* ce *fond endothyme*[2] qui, plus il est développé, plus il rend apte à être présent dans sa base, à vivre sa *présence de base,* source d'un vécu stable de *sécurité* et de *sentiment de complétude.* Il permet l'alignement des sphères abdominopelviennes, que F. Veldman a précisément décrites anatomiquement dans leurs localisations, leurs interactions et leurs fonctions. Cet alignement permet le libre jeu du souffle entre le diaphragme thoracique et le diaphragme pelvien, espace interdiaphragmatique qui correspond au lieu où ces sphères interagissent et où siègent le sentiment et les vécus affectifs, avec les répercussions psychiques inhérentes à ces vécus.

1. F. Veldman, *op. cit.,* p. 546 et s. : Kinésionomie.

2. Voir le schéma de l'article de F. Veldman, in *Présence haptonomique,* n° 6, p. 133.

Mais il faut bien insister encore que cela n'est possible que grâce à la qualité sécurisante et confirmante du contact psychotactile affectivo-confirmant de l'approchant ; sinon, tout geste contenu dans cette approche, malgré la meilleure volonté du monde, ne serait plus que technique, « coquille vide » dépourvue de signification et de sens.

Les facultés de représentation haptonomique, l'hexagramme ontique

Pour se représenter et s'actualiser dans le monde des rencontres, l'être humain dispose de ***six facultés de représentation fondamentales,*** qui lui permettent de répondre aux exigences existentielles de la société, en se conformant au respect des normes éthiques. Il importe d'emblée qu'il s'agisse ici de normes humaines, au-delà de toute notion moralisante ou philosophico-religieuse.

L'éthique haptonomique est toujours référée à ce qui sied pour l'autre et aux valeurs affectives humaines sous-tendant l'interrelation.

Ce sont ces facultés de représentation qui actualisent *la relation* entre le *monde externe des représentations* en général et le *monde interne des représentations* de l'individu en particulier. À travers cette relation entre l'interne et l'externe et la disposition intégrale de ses facultés existentielles s'exprime sa manière propre de faire face au monde de vie humain et d'y participer.

On distingue, de la sorte :

A / Les facultés intellectuelles-rationnelles *cognitives*.
B / Les facultés *affectivo-ontiques*.

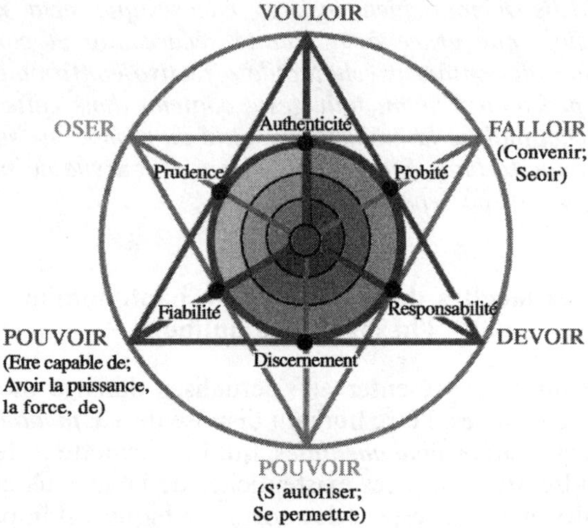

Le groupe **A** englobe les facultés *cognitives* d'actualisation existentielle rationnelle : *Vouloir, Pouvoir* (être capable de), *Devoir*.

Le groupe **B** englobe les facultés intelligentes *cogitatives,* à caractère affectivo-ontique : *Pouvoir* (s'autoriser à), *Falloir, Oser*.

On peut voir que l'*hexagramme ontique* résulte de la *superposition* des deux ordres de facultés de représentation qui forment une étoile hexagonale (à six branches) dont les sommets constituent des points de tangence, d'interaction avec le *monde externe des représentations* qui l'entoure.

Dans cette figure, les facultés diamétralement opposées sont dans l'accomplissement réciproque l'une de l'autre. Le *Moi-conscient* est au centre de cette étoile à six branches, et lorsque la personne dispose de son *discernement* et de son *for intérieur,* que les facultés de la triade cogitative-ontique se sont bien développées et accomplies, la pesée des différentes facultés en face d'une situation *passe par le centre* et l'Ego (ou, plus tard, le *Moi-conscient,* si la personne se développe jusque-là).

L'Affectif irradie la Raison et les actes de représentation-de-soi deviennent raisonnables et caractérisés par la *personnalité de l'individu,* avec au fondement un *état de sécurité de base* consistant.

Alors, la *« santé psychique »* implique l'épanouissement intégral des facultés inhérentes au *discernement esthétique,* au sens des *normes éthiques,* et, sur cette base, l'intégration d'un *for intérieur conscient* ainsi que la faculté de vivre le bon plaisir – la bonne *Lust,* la *delectatio* – de manière qu'elle soit sus-jacente, prééminente[1].

Si l'être a manqué de la confirmation affective nécessaire au développement de ses facultés affectives, le déséquilibre résultant entre les deux ordres de facultés de représentation oblige à une évaluation des situations existentielles qui passera par la *périphérie de l'hexagramme et non par son centre.*

En ce cas, la relation interactive entre les facultés *cogitatives ontiques* est lacunaire, le sens des facultés de la *triade rationnelle* est très perturbé et l'équilibre entre les facultés, opposées sur un même axe, des deux triades est rompu.

Dans notre société d'*Effectivité,* où il est très tôt fait appel dans le cadre scolaire aux capacités cognitives

1. F. Veldman, *op. cit.,* p. 171.

rationnelles intellectuelles de « vouloir » et de « pouvoir », aux dépens de l'Affectif individuel et de sa manifestation authentique, les représentations-de-soi qui en résultent sont très souvent conditionnées à l'oubli ou à la méconnaissance des facultés de *cogitation* et de *conation,* décrites dans le développement de l'*hapsis*[1].

Les lignes qui expriment les diverses facultés d'actualisation de l'Ego (ou d'actuation du *Moi-conscient*) montrent, aux points d'intersection, les ***traits de caractère*** spécifiques en relation avec les facultés de représentation des lignes sécantes sur lesquelles ils se trouvent. Ces traits de caractère sont en équilibre avec les traits de caractère situés au point d'intersection opposé de la ligne d'actuation qui le prolonge. Ainsi sont définies trois lignes qui relient ces points opposés :

- la ligne ***ontique,*** où se cherche l'équilibre Authenticité-Discernement ;
- la ligne ***(esth-)étique,*** avec la balance Probité-Fiabilité ;
- la ligne d'***actuation*-de-soi,** avec le couple Responsabilité-Prudence.

Dans l'haptopsychothérapie, il devient possible d'analyser les discordances et les dissonances de représentation déterminant l'état psychique de l'individu en tournant autour des différentes branches, lignes et divers points d'intersection de ce schéma[2]. Cela permet d'examiner les *actualisations* ou *actuations*[3] de la per-

1. Voir le Synopsis de l'*hapsis, in* F. Veldman, *op. cit.,* p. 234, et dans cet ouvrage, p. 12.
2. Pour une analyse plus détaillée, voir F. Veldman, *op. cit.,* p. 168 à 171.
3. Pour le rappel de la définition de ces mots, voir p. 45.

sonne en difficulté ou en demande d'aide selon six grandes possibilités, selon les six pointes de l'étoile, qui correspondent aux alignements des différents axes. On définit ainsi des problématiques qui orientent la compréhension de la problématique de la personne et permettent de la guider.

Manières d'être et manières d'exister. Les facultés haptonomiques

Lors des séances de découverte préalables habituellement à toute thérapie haptonomique, il devient patent pour une personne qu'elle s'éprouve autrement : elle se ressent, plus consciemment, elle est plus détendue, plus calme, son sentiment de la verticalité et de son poids est inhabituellement franc, ce qui est souvent très agréable.

Il est clair aussi qu'elle s'aperçoit que cela ne dure pas (quelques minutes à quelques heures, selon la profondeur de son insécurité), mais l'important est qu'elle ait entr'aperçu un chemin pour ressentir sa présence au monde et à l'autre, de manière différente de celle des limitations habituelles de sa présence au monde et à l'autre.

Et cela encore plus si, au lieu d'être un *éprouvé temporaire et instable, une* manière d'exister, elle découvre, par l'épanouissement de ses facultés affectives en s'engageant dans cette démarche, sa propre *manière d'être,* stable et authentique.

Il faut bien comprendre, en référence au *schéma tripartite de l'humain se représentant au monde des représentations*[1], que nous devons, pour décrire ces deux

1. Voir p. 27 de cet ouvrage.

manières d'exister et d'être, relier le concept de *présence de base* et celui de *tonus de représentation.* Car la *présence de base* et le *tonus de représentation* conditionnent la disposition de types différents de perception et de représentation de soi, mais sont aussi réciproquement conditionnés par eux. Il faut donc bien admettre que l'œuf fait la poule et que la poule fait l'œuf...

C'est-à-dire que si le *tonus de représentation* change, comme c'est le cas du fait de l'*approche psychotactile affectivo-confirmante* du thérapeute, cela va, par exemple, modifier la perception et la capacité de supporter la douleur pour la personne approchée comme c'est le cas au cours de l'accompagnement périnatal. Ainsi, son tonus de représentation change, parce que les facteurs de régulation de ce tonus en sont affectés immédiatement. Son équilibre somatopsychosensoriel global, son souffle, sa *représentation de soi,* en sont modulés. De ce fait, sa *tolérance de charge* aux défis de la vie en est accrue.

Il faut bien voir que l'ensemble des concepts introduits en haptonomie vise à donner les moyens d'observer, décrire et transmettre la phénoménalité observable et reproductible des interactions dans la communication entre les humains. Décrire les étapes de la genèse de l'Affectif de la conception à la fin de la vie, aussi bien que décrire les supports de sa transmission *thymesthésique* dans la *corporalité animée de rencontre,* contribue à rendre conscientes des perceptions qui régissent la plupart du temps la communication entre les humains à leur insu.

Les observations haptonomiques de l'être humain se représentant au monde ont permis de décrire *quatre manières existentielles humaines de vivre* ; c'est ce que nous allons expliciter.

Manières d'exister et manières d'être

Elles sont très clairement identifiables et révèlent une *existence limitée* ou, au contraire, un *art d'être non délimité.*

A / *Les manières d'exister :*

a : Extentus[1] *Insensus ;*
b : Extentus Rationalis.

B / *Les manières d'être :*

a : Extentus Affectus ;
b : Extentus Concentus.

« Exister » ou « être » fait grande différence. Il y a deux *manières d'exister* plus ou moins limitées et deux *manières d'être* non délimitées, traduisant la *maturation psychique* et l'*essentialisation de soi.* L'humain qui lutte pour son *existence* est vulnérable, en quête de reconnaissance de soi et de réalisation de soi, il cherche à s'affirmer lui-même.

Dans une rationalisation défensive de soi, il s'empêche de vivre ses sentiments authentiques. S'il est suffisamment affermi dans ses capacités et talents, il peut élargir ses limites, étendre son autorité et accroître son existence de façon cependant rationnelle, atteindre un certain style de vie bien déterminé, peut-être même acquérir un certain pouvoir social. Il lui manquera cependant d'achever la maturation de son *essence* et de vivre pleinement l'Être-là de l'essentialisation de soi, dans toute son authenticité (son *ipséité*).

Le système d'éducation et d'enseignement tend vers ce monde d'effectivité et de productivité.

1. *Extentus,* de : *(se) extendere* : s'épanouir, s'actualiser, se (re)présenter, prendre (sa) place.

Monde de la compétition et de l'efficace où il n'y a pas de place pour les sentiments, qui ne sont utiles ni pour les processus de production ni pour la politique, ni pour l'inventivité intellectuelle technique.

Or, pour une créativité originale et sensible, il faut une raison bien en lien avec le sentiment, l'âme (ou le *thymos*), qui est le propre d'une personne dont l'*essentialisation de soi,* fruit de la *confirmation affective* fondamentale de son être, a pu se déployer.

« L'humain peut – *à partir de cette confirmation* – se libérer des limites du monde de l'**E**ffectivité et établir un *Être-là* non délimité, en *transcendant* son existence. Il entre alors dans le monde ouvert de l'**A**ffectivité, qui ne connaît pas de pouvoir, monde dans lequel règnent autorité naturelle, respect, attention, prudence et probité, marquant la représentation de soi individuelle. »[1]

Donnons d'abord les définitions de ces *manières d'exister et d'être* que nous expliciterons ensuite à partir de ses composants. Il faut en effet voir qu'il y a un saut qualitatif entre les ***manières d'exister, d'ordre rationnel,*** et les ***manières d'être, d'ordre affectif,*** comme étaient précédemment distinguées les facultés de représentation de soi.

A / *Les manières d'exister :*

L'*Extentus Insensus* représente une manière d'exister, basée sur l'instinct naturel primitif de conservation de soi ; elle est dirigée par la poussée à la réalisation de soi, à la protection de soi et au maintien de soi. Cette manière d'exister est souvent entravée par les limitations de l'individu qui ne dispose pas ainsi d'une perception juste pour évaluer le monde dans lequel il vit.

1. Voir F. Veldman, *op. cit.*, p. 375.

L'*Extentus Rationalis* est la manière d'exister dans laquelle l'individu, par la disposition des facultés fondamentales de représentation haptonomiques spécifiques, a appris à *dépasser l'Extentus Insensus,* ayant acquis un certain désentravement – une libération de ses limitations – ce qui lui donne la possibilité d'interagir, *de façon autonome,* dans la communication à l'intérieur de la société humaine.

B / *Les manières d'être :*

L'*Extentus Affectus* est l'art d'être non délimité, ouvert et transparent, de l'Affectivité. C'est le mode de l'être humain psychiquement sain, affectivement confirmé et libéré de ses limitations.

L'*Extentus Concentus* révèle un art d'être affectif – fondé sur *l'Extentus Affectus* – qui se distingue par un *Être-ensemble* coexistentiel, communicatif, connectif, cosensitif. Un « être de concert », en syntonie, caractérisé par le *Consensus Haptonomicus.*

À partir de quels éléments ces quatre catégories ont-elles été décrites ?

Partons de l'expérience courante de l'observation des personnes passant devant une terrasse de café quand on y séjourne, un jour de soleil. On ne peut manquer de remarquer telle façon de marcher, raide, souple, molle ou dynamique par exemple ; de se tenir : voûté, élancé, la mine avantageuse ou modeste, ventre en avant ou fesses pointées, dos droit ou épaules creuses... tel visage à l'expression distraite, ouverte ou absente, séductrice, sévère, marquée par le temps et les rides ; telle impression de sympathie, ou d'antipathie. Chaque silhouette dégage une « atmosphère ». Certaines personnes frappent d'emblée l'œil, quand d'autres ne sont vues que dans un second temps.

Tout cela peut se décrire (et a une grande importance pour l'approche de la personne en haptonomie, notamment en haptopsychothérapie) sous le vocable d'*haptomimique*. À partir de sa définition, il sera plus aisé de définir ce qui la sous-tend et nous éclairera sur ces modalités d'exister et d'être.

« L'***haptomimique***[1] se compose de :

« 1 / La *forme-figure* et la *psychomotricité* individuelles qui se caractérisent par l'attitude, le comportement, la démarche et les mouvements spontanés, typiquement personnels.

« 2 / La *mobilité individuelle,* fonction du corps propre de l'individu, qui englobe la qualité de sa vivacité et de sa vitalité fonctionnelles. Elle s'exprime par des caractères de souplesse, flexibilité, grâce, élégance ou raideur, rigidité, gaucherie, etc.

« 3 / La *motilité personnelle* en tant qu'expression motrice métafonctionnelle et métacommunicative, qui donne à la mobilité individuelle un caractère expressif spécifiquement typologique et se révèle dans des mouvements anticipatifs, communicatifs non conscients ou partiellement subconscients (du point de vue haptonomique de la perception).

« Elle révèle l'essence du *se* mouvoir, dans le cadre des limites de la mobilité comme mode d'expression caractéristique de ce qui est propre à l'individu.

« La *motilité* donne donc à la *mobilité* individuelle un caractère expressif spécifiquement *personnel,* qui accentue toute la psychomotricité individuelle et lui confère les marques de sa personnalité.

« 4 / La *gestuelle personnelle :* les expressions spécifiques propres à la gestuelle individuelle, qui varient

1. Voir F. Veldman, *op. cit.,* p. 79.

de l'abondance à l'indigence des gestes ; paisibles ou turbulents, calmes ou excités, rudimentaires, étriqués, ou larges et amples.

« 5 / La *physionomie individuelle,* avec ses airs et ses mines qui reflètent l'état de l'âme, les affects, ou qui représentent des expressions de la mimique communicative propres à l'ethnie ou à la culture et sont chargés d'un *signe, signifiant, symbole* ou *signal.*

« 6 / L'*expression verbale* individuelle, qui se manifeste aussi bien dans l'usage de la langue par des mots et des tournures que dans le volume sonore, l'articulation, la clarté d'élocution, l'éloquence.

« Il faut ajouter, dans ce contexte, l'usage de la *parole* en tant que parole *parlante (sermo)* en antithèse de la parole *parlée (linguo)* et, aussi, la "couleur" et la "tonalité" de la voix. La parole parlante, le *sermo,* langage expressif affectif de rencontre, se caractérise par le *dialogue.*

« 7 / La *participation du souffle* au comportement de représentation exprime l'engagement émotionnel ou affectif des représentations-de-soi.

« 8 / L'*expression de soi,* par des formes de figurations manuelles et métaphoriques telles que l'écriture ou des expressions artistiques créatives, des "productions de l'imagination" (drames, jeux de rôles, etc.) ainsi que par la danse ou les jeux.

« 9 / L'*attitude-de-base existentielle* personnelle, qui se manifeste dans la primarité ou la secondarité des réactions, et dans l'agressivité[1] directe, indirecte ou réprimée.

1. En haptonomie, l'*agressivité,* qui n'est pas à confondre avec l'agression ou la violence, est un ressort fondamental, un vrai mobile de la force vitale. Elle est le stimulateur de toute *intentionnalité vitale* et de toute représentation. Déjà le monde animal

« 10 / La *qualité de la présence de Soi,* c'est-à-dire la mesure de la probité, de la véridicité, de la transparence, de la franchise (être soi-même candidement) exprimée dans la façon d'être présent au cours des *actualisations de soi* (le cas échéant, des *actuations de soi*), en communication avec les autres.

« L'***haptomimique*** exprime donc le ***propre*** de l'humain : sa manière personnelle d'être dans le monde, de faire face au monde et de se présenter, dans toutes les formes de représentation qui le mettent en ***communication*** avec ce monde. »

L'haptomimique et la représentation de soi, dont nous donnions quelques exemples, témoignent du lien constant entre la vie intime des émotions d'une personne et de son *tonus de représentation,* qui, avec les modifications du *souffle,* s'ajuste à chaque milliseconde.

Aussi allons-nous examiner ces deux variables et exposants des variations de la représentation de soi dans l'existence.

Le souffle et les émotions

À chaque moment de l'existence les mouvements de l'âme, les affections et les émotions s'expriment par le *souffle.*

L'haptonomie distingue clairement le *souffle* de la *respiration.*

connaît plusieurs manières de sauvegarder la vie. L'attaque (agressivité directe) est le propre du tigre, mais la fuite (agressivité indirecte) est juste pour la gazelle. L'attitude réprimée de l'agressivité est certainement la plus inadéquate pour la survie, car ni fuite ni attaque, elle est pétrification sur place ; bien que, dans certains cas d'extrême danger, la plus extrême immobilisation de soi puisse sauver la vie.

Le *souffle* est reconnu comme étant une fonction vitale, représentant de la vie spirituelle, ontique, qui exprime à chaque moment l'engagement existentiel, instinctif, sentimental et émotionnel-affectif au *monde externe des représentations.* La *respiration,* quant à elle, est la fonction physiologique que l'on peut contrôler par la volonté.

Par le souffle, l'enfant à naître participe aux émotions de sa mère, et il est, d'une certaine façon, déterminé émotionnellement par ce qu'elle éprouve. C'est dans le souffle et le contact prénatal psychotactile haptonomique qu'il sait déjà s'il peut rester en toute sécurité dans l'affectivité de sa mère ou s'il est confronté à l'angoisse et à l'insécurité.

De même, toute attention portée vers un objet ou une personne, toute réaction à un contact tactile se traduit par un « inspir » (= aller à la rencontre) ou bien par un « expir » (= refuser, rejeter), c'est-à-dire par un mouvement respiratoire d'***anticipation***.

Au début de ses travaux, F. Veldman a fait des enregistrements pneumographiques, qu'il a abandonnés ultérieurement, parce que la méthodologie technico-rationnelle inhérente à de telles expériences contrecarre l'expression authentique spontanée et sincère des sentiments et toute la subtilité de la palette de l'affectif. Il y a donc une différence *concrète* entre la *respiration fonctionnelle,* la fonction respiratoire que l'on peut contrôler rationnellement par la volonté, et le *souffle, « expression intuitive affective » existentielle*.

Le souffle est de l'ordre de la *corporalité animée,* il a une composante psychosensorielle de *plaisir* et de *déplaisir* vécus comme bien-être ou comme malaise. Mais il se manifeste par des variations de rythme, d'amplitude et de forme de la courbe des mouvements respiratoires, qu'on peut enregistrer et qui, eux, appartiennent à la *corporéité*.

En haptonomie, il n'y a jamais de « travail volontaire sur la respiration », ni de technique respiratoire particulière d'aucune sorte. Cela empêcherait l'expression libre des émotions et limiterait donc, ou même empêcherait, le désentravement de la personne vers une *existence non délimitée*[1].

Cela permet aussi de comprendre pourquoi le yoga et la sophrologie, de direction centripète en ce qui concerne l'attention vers soi, sont en opposition avec l'ouverture centrifuge de l'happerception, perception au-delà de soi. C'est pour cette raison qu'il ne faut pas coupler ces pratiques avec l'haptonomie, afin de ne pas semer la confusion ni bloquer l'épanouissement des facultés thymesthésiques des personnes qui seraient tiraillées entre des démarches contradictoires.

Malgré les réserves formulées précédemment à leur égard, les travaux d'enregistrements pneumographiques faits au cours des premières recherches de F. Veldman (jusqu'à ce qu'il y renonce parce que les conditions mêmes de l'enregistrement empêchaient la spontanéité de l'expression de soi) ont permis de décrire les variations de la courbe du souffle selon la

1. On décrit, en haptonomie, trois formes d'existence :
a / *la manière d'être non limitée :* l'existence « illimitée », dont la forme la plus pure est celle de la relation de covivance prénatale ;
b / *la manière d'être limitée :* l'existence délimitée du petit enfant qui découvre peu à peu ses délimitations d'avec le monde extérieur, ce qui lui donne sécurité et repérages ;
c / *l'existence non délimitée,* libérée des bornes ; les ayant reconnues, et ayant saisi leur signification et fonction, l'individu peut **ouvrir et fermer souplement son aperception,** ses ressentis ou la manifestation de soi en franchise et sécurité.

représentation-de-soi de la personne. L'aspect de ces courbes prend des formes plus ou moins rondes ou pointues, un rythme et une amplitude variables selon le degré de présence du souffle dans la représentation-de-soi de la personne et selon son degré de sécurité vécue.

Dans toute thérapie haptonomique, *synchroniser son souffle* à celui de la personne approchée (aller dans le même pas) ou, au contraire, inviter la personne à changer de pas, c'est lui proposer un vivre-ensemble dans lequel elle fait l'expérience d'un dépassement de ses limitations.

Cela n'est possible que si l'approchant dispose de sa propre *happerception* et de la parfaite disposition de ses propres facultés d'*Assensus* et de *Circumsensus Intectus.* L'introduction de ces nouveaux termes nous conduit à définir les facultés haptonomiques qui entrent en jeu au cours des différentes *représentations-de-soi* de la personne.

Les facultés haptonomiques proprement dites

Comme se déplie un éventail, il faut saisir l'ouverture successive et nécessaire des concepts haptonomiques pour décrire un humain dans toute l'expressivité de sa *corporalité animée* et de son interaction avec autrui.

L'être humain est un être de communication qui ne peut s'empêcher de communiquer. Toute la conceptualisation de la pensée haptonomique vise à décrire ***comment l'humain communique et quel saut qualitatif et quantitatif se produit dans ses facultés de représentation***

lorsqu'il passe d'un registre rationnel à un registre affectif d'interaction avec autrui.

Tous les exemples donnés en introduction témoignent de ces niveaux différents. L'étonnement constant que provoque au fur et à mesure l'exploration de sa phénoménalité est celui-ci : plus un être humain peut oser déployer son affectivité, plus cela modifie son être-au-monde. Plus il déploie ce qui est authentiquement, singulièrement son essence, plus il dépasse ses limitations. *Plus il vit ouvert au monde, plus il est en sécurité en étant capable de partage et de solidarité.*

Ainsi différencie-t-on en haptonomie des facultés *rationnelles* et des facultés *affectives,* comme pour les facultés de représentation rationnelles et ontiques décrites dans l'*hexagramme ontique*. Dans les deux cas, on les différencie en facultés *tactiles* (de contact direct) et en facultés *haptiques* (de contact à distance dans l'espace).

A) *Les facultés rationnelles.* – Elles sont de nature fonctionnelle, importantes pour l'existence et la conservation de soi. Elles jouent un rôle important dans le maniement des objets, le mouvement dans l'espace et le rapport spatial avec les autres.

Elles interviennent dans les codes sociaux de contexte neutre, dans certaines habiletés manuelles spécifiques. Mais comme elles sont de moins en moins utilisées dans le contact interhumain, comme l'objectivation instrumentale du corps dans notre société incite à le faire, elles deviennent de plus en plus réduites. La réduction de ces facultés, sous la pression technico-rationnelle de l'urbanisation de la naissance à l'éducation des enfants, l'hypertechnicité du domaine médical sont le fait de notre société contemporaine. Elles contribuent au tabou des contacts sociaux tendres et à l'hypersexualisation des relations, affichée au cinéma comme dans la publicité.

Or cela est très dommageable pour l'humain, car *l'épanouissement de ces facultés de base rationnelles est la condition absolue du développement intégral des facultés affectives.*

On décrit, dans ce cadre, l'***Assensus,*** qui sert au maniement des objets (intégrer la longueur d'une voiture pour faire un créneau, par exemple) et au contact avec les autres, dans la profondeur.

L'*Assensus* est déjà une faculté happerceptive débutante qui témoigne du sortir de la *corporéité,* pour aller vers *la corporalité animée* de *l'Extentus Rationalis.*

Le développement total de la faculté d'*Assensus* donne à l'individu un sentiment de bien-être, une sûreté de soi dans l'actualisation de soi, qui donne confiance en soi. L'*Assensus,* faculté tactile, est lié au ***Circumsensus Intectus,*** faculté de perception de l'espace au-delà de soi : vécu ouvert et bien sensible dans la distance où l'on tend au-delà de soi dans l'espace, en sentant et ressentant, en anticipation ouverte. L'*Assensus* et le *Circumsensus Intectus* sont harmonieusement jumelés dans l'*Extentus Rationalis.*

B) *Les facultés affectives.* – Elles sont d'une tout autre nature. Ce sont des facultés de contact et de rencontre *confirmantes.* Elles sont essentielles pour l'individuation, l'épanouissement dans l'indépendance et l'autonomie ainsi que pour l'établissement de l'authenticité personnelle, le sentiment d'identité. *Elles sont le propre de la tendresse confirmante,* qui préserve la liberté dans le contact affectif proche, qui donne abri et sécurité tout en respectant l'autre, sans l'envahir ni rien lui demander.

Dans ce contact de rencontre, celui qui en dispose et rencontre l'autre ***ne rencontre pas le corps de l'autre, mais sa personne.***

Cela permet à la personne approchée d'éprouver un bien-être de corporalité psychique, à partir d'éprouvés de qualité sensible. Éprouvant ce vécu de bien-être qui pénètre son corps tout entier, la personne se ressent comme une totalité et peut vivre un *sentiment de complétude.* Se sentant bien, ressentant le bon, elle prend conscience d'être soi-même un Bon et de représenter dans la réciprocité de l'échange un Bon pour l'autre. Cela constitue une confirmation affective essentielle pour son devenir. La tendresse humaine est une expression humaine du cœur à cœur, pleine d'amour, mais aussi ferme et claire, offerte avec transparence, prudence et respect (Principe de **P**résence, **T**ransparence, **P**rudence – le PTP – de l'éthique haptonomique du contact).

La *confirmation affective* ne peut se concevoir sans la *confrontation* de l'autre à ses comportements et conduites inadéquats dans la rencontre, ce pourquoi la tendresse n'est ni systématiquement douce, ni molle, mais quelquefois très confrontante.

En tant que telle, elle forme une composante fondamentale et solide des facultés de ***Persensus*** et de ***Transsensus,*** qui sont les capacités de confirmation affective par excellence.

Le ***Persensus*** appartient, au premier chef, aux facultés intégrées dans l'*Extentus Affectus*. Le *Persensus* est une faculté haptonomique ontique, de contact affectif *psychotactile affectivo-confirmant,* innée dans le germe de l'être humain.

Il s'exprime chez une personne elle-même libérée de ses limitations et bénéficiant de l'équilibre stable de l'*Extentus Affectus.* Le *Persensus* s'exprime dans l'***acte du pervium,*** *acte de contact tactile dépourvu de toute dominance, dirigisme ou pouvoir. Dans ce seul et même acte, l'approchant et l'approché, dans la rencontre haptonomique, s'éprouvent comme Bon.*

Le ***Transsensus,*** qui est le corollaire, pour l'espace, du *Persensus* – contact tactile direct – est une faculté haptique ontique, spécifiquement humaine, couplée au *Persensus* de manière inséparable. Il permet à l'humain une happerception spatiale dans la manière d'être de l'*Extentus Affectus.*

L'important de ces deux facultés jumelées est de permettre un *« panorama sensori-perceptif commun »,* ***un ressenti profond d'être en accord ensemble dans une intégralité de l'espace partagé, qui élargit l'espace personnel, sans rien prendre de l'espace de l'autre.***

Lorsque des personnes ont pleinement développé leurs facultés affectives, elles deviennent capables de partager un panorama affectif commun, car l'*Extentus Affectus* constitue la base de la forme la plus élevée de l'Être-Ensemble humain, c'est-à-dire qu'elles peuvent vivre l'*Extentus Concentus.*

Dans *ce vécu,* il est possible d'accéder à une relation sensible, affectivement pleine d'amour et de compréhension, de concorde, nommée *« Consensus haptonomicus ».* Les facultés précédemment décrites du *Persensus* et du *Transsensus* autorisent le vécu de la ***Philia,*** *cet amour humain absolument désintéressé, sincère et fiable qui est l'expression de la transmission, du « transfert », très profondément ressenti et vécu des sentiments entre les êtres, en réciprocité.*

La philia haptonomique, ainsi dirigée vers l'extérieur, trouve et dévoile le Bon en l'humain, découvrant ce Bon – l'être Bon-en-soi – aussi bien en lui-même que dans le monde.

Le tonus de représentation

Il convient de saisir que chaque manière d'exister et d'être se traduit par une variante du *tonus de représentation*. Le *tonus de représentation* détermine de façon décisive les facultés d'*happerception,* qui témoignent de l'*intentionnalité vitale* de la personne dans ses actualisations et interactions de contact et de rencontre, lesquelles sont de moins en moins développées et sollicitées dans notre culture.

Nous avons vu l'importance du *souffle* dans toutes les expressions subconscientes et non conscientes de la vie émotionnelle, non dans sa fonction « mécanique » de respiration, mais dans sa dimension propre à représenter nos émotions, nos mouvements d'âme, notre disposition d'esprit. De la même façon, les régulations et adaptations du *tonus de représentation* dans leurs ***modalités*** (variables en ce cas) ou dans leurs ***modes*** (stables, par contre), observées en haptonomie, nous révèlent que toute *actualisation* ou *actuation* de l'humain implique une **activation intégrale existentielle** dans laquelle il se révèle dans son essence, en tant qu'unité.

« Le *tonus de représentation* est le tonus vital intégral – de la *corporalité animée* – qui englobe aussi bien le tonus musculaire, l'état de tension des tendons, ligaments et capsules, la turgescence des tissus interstitiels, la tension artérielle et celle de la circulation lymphatique, que le ***psycho***tonus – la tension et force d'expansion psychiques – qui est l'exposant de la vie intime de l'individu. »[1]

Dans toute représentation de soi-même, un être humain ajuste donc son tonus musculaire en fonction de son état émotionnel, et la régulation de celui-ci est le fait d'un ajustement très subtil et constant grâce aux ***fuseaux neuromusculaires.***

L'haptomimique d'une personne est fortement marquée du niveau de tension de ses muscles qui contribue beaucoup à sa représentation.

Les *fuseaux neuromusculaires* sont d'une importance cruciale dans la régulation de ce tonus. Ce sont des propriocepteurs qui se trouvent dans les tendons et les muscles, et qui constituent de véritables petites « stations régulatrices » plus ou moins autonomes. Le système qu'ils représentent coordonne de façon bien sélective les actualisations sensorimotrices et psychomotrices de l'être.

Dans un échange continu d'informations, ils interfèrent avec la vie émotionnelle et affective de l'être humain et ils expriment la participation de l'individu à ses *actualisations* et *actuations.*

Le tonus musculaire, qui sous-tend le tonus de représentation et se trouve déterminé par lui, est régulé selon deux types d'innervation : la première, *de type* α (alpha), à dominance *corticale,* cérébrale rationnelle, volontaire, kinésiologique pure, obéit à la loi du « tout ou rien », tension ou détente totale ; la deuxième, liée aux fuseaux neuromusculaires *de type* γ (gamma), *sous-corticale,* limbique, spontanée, kinésionomique. Les fuseaux neuromusculaires peu-

1. Voir F. Veldman, *op. cit.,* chap. 17, p. 480.

vent être activés de façon ***somato-*** (état de tension du muscle) ou ***psychosensorielle*** (influence psychique).

L'*influence psychosensorielle* est très importante dans l'approche haptonomique pour la disposition intégrale des facultés d'***happerception*** (l'*Assensus,* le *Circumsensus,* le *Persensus* et le *Transsensus*). ***Dans ce cadre, la régulation du tonus musculaire s'effectue alors sous l'influence d'une coactivation α et γ à boucle de rétroaction souvent périphérique, sans qu'il y ait forcément rétroaction centrale.*** La psychomotricité qui en résulte est une psychomotricité pleine de présence, d'agilité et de souplesse parfaitement vivace et adaptée au but.

Lorsque la personne dispose d'une représentation de soi claire et ouverte, bien présente, et consciente de soi, elle est dans l'***auxotonus happerceptif***. Cette forme de tonus musculaire témoigne d'une coopération α et γ bien ordonnée, à activité γ dominante. C'est ainsi que les fuseaux neuromusculaires peuvent, en relation avec le tronc cérébral et en harmonie avec les détecteurs sensoriels de perception et les interactions organiques vitales, déployer toute leur fonctionnalité neurophysiologique par le biais des neurotransmetteurs et s'adapter harmonieusement au but.

Il nous faut décrire *les différentes sortes de tonus musculaire* correspondant aux différents *tonus de représentation* de la personne, car elles permettent de saisir, par exemple, les phénomènes en jeu dans l'approche du handicap moteur dans l'une des applications de l'haptonomie qu'est la *synésie.*

1 / Au repos, il existe un *tonus musculaire **de fond,*** qui est une sorte de « tonus musculaire de **vitalité** », qui n'est pas inactif, mais se trouve prédisposé à agir, en attente. Ce tonus musculaire fait part de la modalité du tonus de représentation qu'est l'*Exspectatus.* Il existe dans ce tonus musculaire une activité γ basale.

2 / Un *tonus musculaire de* ***vigilance*** qui correspond au tonus de représentation qu'est l'*Attentus,* tonus de ***vulnérabilité,*** en alerte. L'être humain y montre les réflexes défensifs de sa *vulnérabilité.*

3 / Un *tonus musculaire d'extension,* ***dynamicophasique,*** qui correspond très spécifiquement à la capacité dont l'humain peut disposer pour intégrer objets et instruments, ou êtres vivants dans le vécu de sa corporalité. C'est le début de l'*happerception.* Ce tonus musculaire d'extension fait part de et détermine fortement la *modalité* du tonus de représentation qu'est l'*Obtentus.*

4 / *Un tonus musculaire de* ***présence rationnelle,*** dit : ***Eutonus,*** qui traduit une tension des muscles bien équilibrée, bien adaptée au but. Il existe un équilibre adéquat entre l'innervation α et l'innervation γ. Il s'agit d'un tonus plein de ressort, souple et agile.

L'*Eutonus* est une part spécifique et caractéristique de la *modalité* du tonus de représentation qu'est le *Réciprotonus,* tonus de rencontre empathique, encore rationnel, qui se caractérise par la synchronisation non consciente des souffles de l'approché et de l'approchant. Il est déjà une part importante des *modes* de tonus de représentation que sont l'*Apotonus* et l'*Eustatus.*

L'***auxotonus happerceptif,*** composant déterminant de l'*Apotonus* (lié à l'*Extentus Rationalis*) et de l'*Eustatus* (le tonus de la présence affectivo-confirmante inhérent à l'*Extentus Affectus* et à l'*Extentus Concen-*

tus). Il révèle l'authenticité de la représentation personnelle.

Pour nous résumer, il y a correspondance entre ces différents éléments : tonus musculaire, tonus de représentation, manières d'exister ou d'être, facultés haptonomiques. Il faut bien comprendre qu'à des *manières d'exister ou d'être* (les différentes sortes d'*Extentus*) correspondent des *facultés haptonomiques rationnelles et affectives.*

Celles-ci correspondent à des *modalités (instables) rationnelles* ou à des *modes (stables) du tonus de représentation* de la personne. La régulation du *tonus de représentation* passe, entre autres, par la régulation du *tonus musculaire* dans laquelle les *fuseaux neuromusculaires* ont une importance décisive pour disposer des *facultés* d'***happerception***.

Facultés d'***intentionnalité vitale,*** s'exprimant à chaque instant dans et par le *souffle* dans les *actualisations* et les *actuations* de la personne.

La dominance à notre époque et dans la culture occidentale de la rationalisation au détriment de l'Affectif a pour conséquence néfaste le manque d'établissement d'un *état solide de sécurité de base interne* et d'un *for intérieur conscient venant du fond endothyme.*

L'aspect émotionnel existentiel des mouvements d'âme est traité dans l'*amygdale* et mémorisé dans le système limbique, au niveau de l'*hippocampe.*

C'est parce que, dans ce système, la qualité émotionnelle des interactions entre le système nerveux autonome et le système nerveux volontaire se manifeste et s'exprime dans la *qualité psychotonique du tonus de représentation personnel* (plus particulièrement par le système de régulation γ) *qu'il est si capital d'offrir à l'humain la présence du contact psychotactile affectivo-confirmant dès sa conception, à l'occasion de l'accompagnement pré- et postnatal haptonomique. Dans la tendresse et le plaisir confirmant, ce contact pose les fondations de la progression des facultés happerceptives des parents, condition du développement de celles de l'enfant.*

Chapitre II

APPLICATIONS DE L'HAPTONOMIE

Dans le grand public, l'haptonomie est perçue parfois comme une « méthode », une « technique », une « thérapie corporelle », ou bien, une « préparation à la naissance » parmi tant d'autres. Bref, l'image qu'on se fait ainsi de *l'approche* haptonomique est erronée.

Pour comprendre vraiment ce qu'est l'haptonomie, il faut la saisir *dans toute sa dimension d'approche affective au cours de toute la vie, de la conception à la mort, dans toute la complexité de sa pensée et dans toute la richesse de sa palette d'applications méthodologiques.*

L'haptonomie puise dans la complexité théorico-clinique de ce qui est une science de l'Affectif en soi, avec un grand et fort soubassement expérienciel (à base de faits et d'expériences et d'observations empiriques), mais non expérimental.

L'Affectif, en effet, ne peut être mis en laboratoire, soupesé, mesuré, quantifié, bien qu'au début de ses recherches sur le souffle F. Veldman ait eu l'espoir de réaliser de telles expériences, mais il y a renoncé.

L'haptonomie parle d'***amour contenu,*** et cette expérience d'un « gradient d'amour » dans la rencontre, très objective dans toute la subjectivité vécue des personnes, existe bien, ce que la langue évoque beaucoup plus platement dans le « tact et mesure » qui évoque si fort le *discernement.*

Il faut à nouveau insister sur le dénominateur commun de toutes ces approches qui est la qualité de la présence de l'approchant et la libre disposition de ses facultés happerceptives, qui conditionnent son tonus de représentation et, de manière décisive, l'approche du patient quel qu'il soit.

Nous allons envisager et décrire les différentes applications existantes, successivement :

- l'haptonomie pré- et postnatale et obstétricale ;
- l'haptopuériculture ;
- l'haptopédagogie ;
- l'haptopsychothérapie et l'haptopsychagogie ;
- l'haptosynésie ;
- l'accompagnement des personnes âgées et des mourants ;
- la kinésionomie.

L'accompagnement pré- et postnatal haptonomique des parents et de leur enfant

Écrit en collaboration avec le Dr Catherine Dolto

Nous insisterons particulièrement sur ce développement de l'haptonomie parce qu'il est au début de la vie et qu'il est, de ce fait, prophylactique de bien des troubles ultérieurs du développement de l'être et de la relation parents-enfants. C'est l'aspect le plus connu de l'haptonomie en France. Ses principes fondamentaux et les facultés auxquelles il fait appel sont au centre des autres applications de l'haptonomie.

Il ne peut en aucun cas être comparé aux préparations à l'accouchement, puisque son projet est beaucoup plus vaste. Il s'agit d'un accompagnement de la parentalité qui commence tôt dans la grossesse (voire avant la conception dans certains cas) et se termine quand l'enfant se met debout et marche. Cet accompagnement favorise le développement des liens affectifs entre le père, la mère et l'enfant en leur permettant de vivre une relation de tendresse dès le giron maternel. Il permet à l'enfant d'acquérir très tôt une sécurité de base, source d'autonomie, de capacité à communiquer et de confiance en lui et en son entourage.

Au cours de cet accompagnement, les parents découvrent avec l'accompagnant (sage-femme, médecin, obstétricien ou psychologue travaillant en maternité) comment mettre en jeu leurs facultés affectives pour rencontrer et communiquer avec leur enfant dans le *contact psychotactile affectivo-confirmant plein de tendresse et d'amour*.

Ce contact est souvent très émouvant et très joyeux pour eux lorsqu'ils découvrent la première fois que leur enfant vient à leur rencontre et répond à leur invitation.

Cet échange sollicite un engagement affectif de la part des deux parents et doit se poursuivre et se répéter à la maison, pour mûrir et se développer car il implique une *progression,* il s'adapte aux différentes étapes de la grossesse. C'est pourquoi il est souhaitable qu'il débute le plus tôt possible pour permettre la maturation de cette relation affective.

Des séances très précoces permettent aux parents de découvrir la phénoménalité haptonomique. Grâce à ses effets, la mère sent son enfant bouger et répondre beaucoup plus tôt, et l'on peut commencer un véritable jeu de contact avec l'enfant dès le quatrième mois, voire encore plus tôt pour les multipares qui ont déjà vécu un accompagnement. Il est toutefois possible de ne commencer l'accompagnement que vers le quatrième ou cinquième mois.

Très rapidement une relation affective se noue entre les trois, qui déjà, tôt avant la naissance, donne à l'enfant le sentiment de se vivre comme Bon, ce qui lui permet de développer un sentiment de sécurité, essentiel pour l'épanouissement de soi et le développement de son individualité.

On ne commence jamais après le début du septième mois, car le temps serait trop court pour que les parents et l'enfant mûrissent grâce à ces expériences de tendresse, vécues ensemble, et tirent tous les bienfaits possibles de l'haptonomie.

Cependant, si une situation dramatique ou difficile pour l'un des membres de la triade survient après le début du septième mois, un haptothérapeute expérimenté (ou un haptopsychothérapeute si la situation l'exige) peut toujours intervenir dans l'urgence, mais il proposera alors un tout autre travail, adapté à la situation clinique particulière.

La *présence du père* au cours de cet accompagnement pré- et postnatal est essentielle, parce qu'il prend sans retard sa place dans la relation triangulaire, au plus grand bénéfice des trois membres de la triade. Bien des pères se sentent exclus de cette période et le vivent comme une affaire de femmes où ils se sentent bien maladroits. Avec l'haptonomie, ils découvrent qu'ils ont un rôle très important. En effet, le père, qu'il soit le géniteur ou simplement le compagnon qui prend symboliquement cette place, en l'absence de ce dernier, constitue le recours affectif de la mère. Il la soutient, l'accompagne et l'accueille, y compris dans les gestes très précis qui l'aident pendant la grossesse et au moment de l'accouchement.

Dans les jeux de contact avec l'enfant, sa place de tiers est primordiale. Elle permet à l'enfant de se vivre dès sa vie prénatale comme membre d'une triade et non pas en binôme avec sa mère. Très tôt il discerne la présence de son père, se manifeste quand il revient après quelques jours d'absence, et s'approche du côté de sa voix quand il parle.

Au moment de la naissance, le père joue un rôle majeur dans l'accueil de l'enfant. Après que celui-ci se soit reposé quelques minutes sur le giron maternel, c'est le père qui, le premier, le prend dans ses bras et l'ouvre au monde extérieur de manière haptonomique.

C'est le *premier détachement,* « d'importance capitale pour le déploiement de la corporalité, l'individuation et l'établissement d'une autonomie sentie, ressentie et vécue »[1]. Ainsi, il aide la mère et l'enfant à sortir, en toute sécurité, de la relation pseudo-symbiotique dans laquelle ils ont vécu tout au long de la vie intra-utérine. Si le père, bien que disponible durant la grossesse, ne souhaite pas cet accompagnement, il faut renoncer à le faire sans lui.

Cela pourrait être néfaste pour l'avenir de la relation entre le père et l'enfant, voire pour celle du couple et de la famille. Son exclusion – de fait – de tout un développement affectif et sensible est, de toute façon, contraire à *l'instauration de cette triangulation précoce si utile au remaniement du lien qui unit les parents dans le passage de deux à trois.* Ne pas respecter le père dans son refus, c'est aussi ne pas respecter son enfant ; or l'haptonomie implique toujours une *éthique du respect.*

1. Voir F. Veldman, *op. cit.,* p. 106.

Par contre, si l'accompagnement, souhaité par la mère, ne peut être conduit en présence du père, parti ou décédé, la mère et l'enfant *peuvent* et *doivent* être accompagnés par une personne proche de la mère.

Cette personne, qui peut être une femme ou un homme, est alors *en position quarte,* elle ne remplace en aucun cas le père qui est, de fait, présent en l'enfant, mais elle permet que l'enfant et la mère ne s'enferment pas dans un échange binaire qui, au total, serait étouffant pour eux et donc possiblement nuisible au long cours.

Comme nous l'avons vu, la vie affective, les sentiments et émotions se manifestent à travers la *corporalité animée*. Quand une mère se sent en contact affectif avec son enfant, elle dispose de *facultés affectives prélogiques, préconscientes, qui, à partir de commandes sous-corticales, par l'intermédiaire de l'innervation gamma, lui permettent d'investir son utérus comme un giron accueillant.*

Elle découvre alors qu'il lui suffit d'avoir le sentiment d'inviter son enfant vers son cœur, vers son bassin ou vers son père pour que celui-ci se déplace dans cette direction. Ainsi, elle le berce véritablement de l'intérieur. Le père, lui, appelle depuis sa position extérieure, ce qui est tout différent. Mais, pour que l'on soit bien dans une relation haptonomique, il est indispensable que la mère accompagne de l'intérieur l'enfant dans ses réponses à son père.

Il n'est pas pensable, du point de vue de l'éthique haptonomique, de prendre un contact affectif avec un enfant dans le giron maternel si la mère n'y participe pas et ne se sent pas elle-même présente, accueillie et confirmée.

Il y a diverses façons tendres et ludiques d'aller à la rencontre de l'enfant. Par ses réponses, il montre qu'il mémorise, reconnaît les voix et les invitations et guette ces moments de rencontre. On constate que l'univers du giron est loin d'être clos sur lui-même et que l'enfant guette tous les signes qui lui parviennent depuis le monde qui l'entoure.

Grâce à ces contacts, il reçoit une *confirmation affective,* essentielle pour son développement et, par ses réponses, il confirme à son tour ses parents. C'est donc toute la triade qui est transformée par cette dynamique.

Même au cours d'une grossesse dite normale, il peut y avoir des *moments difficiles,* des tensions peuvent survenir dans le couple et il n'est pas rare que la mère traverse des moments d'ambivalence, voire de rejet vis-à-vis de l'enfant ou de la grossesse.

On découvre alors que l'accompagnement haptonomique permet à l'enfant de se manifester et, par la réalité de sa présence active, d'aider véritablement ses parents à passer ces moments critiques.

Lors d'une *grossesse gémellaire,* la mère peut inviter un enfant vers le haut et l'autre vers le bas, ce qui permet aux parents de développer une relation singulière avec chaque enfant. Les enfants sont aussi invités à jouer ensemble et à laisser chacun une place pour l'autre, ils sont déjà en interaction. Cette individualisation précoce des jumeaux est très bénéfique pour leur développement.

Le sentiment de bien-être, d'*entièreté* que vit la mère dans ce contact affectif avec le père et son enfant, change son tonus musculaire et ligamentaire de façon très spécifique, il devient beaucoup plus souple.

On observe également une modification des sécrétions hormonales (endorphines et cortisol)[1]. Il y a ainsi moins de contractions pendant la grossesse et cela favorise le portage harmonieux du bébé. Son positionnement dans le giron s'en trouve ainsi amélioré.

Le fait que l'enfant soit le plus souvent placé dans l'axe adéquat pour la naissance facilite le travail des contractions et soulage beaucoup les douleurs au cours de l'accouchement.

Dans la communication affective établie au cours de l'accompagnement, les parents ont appris à sentir et écouter ce que fait leur enfant. Ils ont découvert qu'il était capable de prendre des initiatives et d'amorcer le mouvement de leurs échanges au cours de leurs rencontres réitérées. Tout cela les aide à faciliter et raccourcir le temps de sa descente dans la filière génitale et, loin d'être « expulsé » comme un corps étranger à la naissance, il *« se fait naître » avec le soutien de ses parents*[2]. Tout concourt, dans l'accompagnement périnatal, à favoriser l'ouverture chez la mère et à empêcher la survenue de tensions superflues qui sont une entrave au déploiement de sa propre *intentionnalité vitale* et de celle de son enfant. Celui-ci veut quitter le giron maternel pour entrer au monde, tandis que sa mère tend vers l'accomplissement du *désir vital essentiel pour elle à ce moment-là : donner naissance*.

L'accompagnement haptonomique représente pour certaines femmes la première occasion de découvrir la

1. Alvaro Aguirre de Carcer, Indice de l'approche affectivo-confirmante sur le vécu de la douleur et sur les neurotransmetteurs spécifiques, in *Présence haptonomique,* n° 2, 1990.

2. Voir Catherine Dolto, Haptonomie, prophylaxie et trajectoire de vie humaine, in *Présence haptonomique,* n° 2, 1990.

profonde sécurité que donne ce *« sentiment de base »* que procure le vécu du giron.

Elles découvrent ainsi, lors du cheminement de l'enfant, qu'elles l'accompagnent dans une communication affective (prélogique et prérationnelle) et qu'elles ne l'abandonnent pas, même au plus fort de la douleur. Même si l'accouchement se révèle plus médicalisé que prévu, même si une césarienne s'impose, l'enfant se sent soutenu et non abandonné dans la solitude pour naître.

Quelle que soit la situation, sa mère peut le guider vers l'ouverture dans une attention intense faite de protection et d'amour. Les femmes bien accompagnées évitent en général le « baby blues » du post-partum, trop souvent banalisé et considéré comme psychophysiologique.

Quand le lien a été structuré ainsi, dans la triade et la sécurité affective, *le détachement de la mère et de l'enfant* et l'entrée dans le maternage se font plus facilement. Pour bien comprendre l'effet libérateur de cette relation affective, sécurisante, qui ouvre le sentiment, lequel ouvre le chemin psychophysiologique de la naissance, il faut donc la placer dans un tout autre cadre que celui d'une préparation à la naissance ou d'une technique de plus, comprenant des exercices.

C'est pour cela qu'il est impossible, lors d'une même grossesse, de mélanger l'accompagnement haptonomique avec une des autres « préparations à l'accouchement ». En effet, celles-ci étant toutes axées sur la sollicitation du cortex par l'intermédiaire de la production d'images mentales et de visualisations (sophrologie) ou du contrôle rationnel de la respiration (yoga, psychoprophylaxie), inhibent les voies sous-corticales et ne permettent pas l'expression des bienfaits de la phénoménalité haptonomique dans toutes leurs dimensions.

Une pratique conjointe serait donc antinomique, elle entraverait le développement d'un lien affectif profond, vécu dans la corporalité de la mère et celle de l'enfant, et mettrait la mère en grande difficulté lors de la naissance.

En général il faut prévoir huit ou neuf séances pour la période prénatale. L'accompagnement pré- et postnatal ne peut *en aucun cas* être effectué *en groupe,* car il touche au *plus intime* de la relation du couple, de l'histoire de la conception de l'enfant et de celle singulière (familiale et sexuelle) de chaque futur parent, qui a besoin de cet espace intime avec l'accompagnant pour s'y déployer en toute confiance et sécurité. Il peut être le lieu de moments émotionnels très intenses concernant des traumas sexuels, des secrets de famille et de couple, la perte d'un enfant, des fausses couches passées ou une interruption de grossesse thérapeutique.

Cet accompagnement de la relation affective entre parents et enfant doit impérativement se poursuivre après la naissance, par le *travail postnatal. Ce que le nouveau-né a ressenti durant la grossesse a constitué tout un vécu affectif de présence et de rencontres dans un éprouvé de plaisir sensorimoteur et sensuel qui l'ont mis en appétit de relation.*

Après le grand événement que constitue la naissance, véritable solution de continuité dans sa courte vie déjà si riche en impressions, il a besoin de retrouver ses repères de sécurité. Il a perdu la covivance sécurisante avec sa mère, les rythmes de son cœur et de son souffle, la chaleur, le goût et la douceur des eaux amniotiques, les pulsations, le son, le contact et l'odeur du placenta et du cordon. Il découvre la fraîcheur de l'air sur sa peau, il expérimente la pesanteur qui n'est pas rassurante, ses yeux se heurtent à la lumière, et bientôt vont survenir la première faim, les difficultés digestives, les fesses mouillées et douloureuses, la solitude.

Face à toutes ces nouveautés, l'enfant a besoin de *reconstruire une nouvelle sécurité.* Il a besoin du bon-chaud des bras-voix entourant et du cœur tendre et rythmé de ses parents dans le portage postnatal. Il s'agit de ne jamais lui donner le sentiment qu'il est un objet qu'on déplace mais toujours celui d'un *sujet qui se porte avec notre soutien.*

Dès le giron maternel, cet accompagnement a sollicité l'*intentionnalité vitale* de l'enfant, source d'un comportement affectif d'*anticipation,* instaurant désir et « courage de vivre ». C'est cela qu'il importe de poursuivre, sous peine de l'entraver et d'en amoindrir la richesse pour le développement ultérieur du soi et toute la palette émotionnelle de la création du lien ainsi initié.

La manière de porter un enfant est signifiante comme un langage. Un enfant, porté comme cela se fait habituellement dans nos cultures, sans invitation à se tenir et à se mouvoir par lui-même, reçoit implicitement une éducation valorisant *la passivité, la soumission et l'inhibition de l'intentionnalité vitale.* Autant de faits dommageables pour son développement psycho-affectif et sensorimoteur et, par conséquent, pour son intelligence dans l'acception la plus large du terme. Pour un enfant bien accompagné, une telle manière de faire constituerait une véritable frustration.

Là encore, les *rencontres postnatales* suivent les stades de développement de l'enfant. Quatre séances sont habituellement nécessaires, dont la première quinze jours au plus tard après la naissance, puis à un mois, et vers trois mois et demi (ce qui correspond à peu près à l'anniversaire de la conception). La dernière séance, indispensable, se fait à l'acquisition de la marche, période cruciale pour le développement de l'autonomie. En pratique, la fréquence des rencontres s'ajuste aux cas particuliers, selon le besoin des parents et de l'enfant.

L'accompagnement haptonomique autour de la naissance constitue pour l'être humain la première pierre angulaire de la construction de la « maison du soi », dans le réel de la corporalité animée de rencontre, la trinification symbolique précoce du lien et la continuité affective de la sécurité de base qui accompagne l'avant-, pendant et l'après-naissance.

Lors des *grossesses difficiles,* l'accompagnement haptonomique se révèle très précieux et soutenant pour les parents et l'enfant. En plus de permettre le développement le plus favorable du potentiel de croissance du bébé, quelle que soit sa pathologie, dans la sécurité du lien avec ses parents, il devient *thérapique et même psychothérapique.*

Ainsi, le vécu des parents lors des annonces de malformations, lors des menaces d'accouchement prématuré, lors des drames qui affectent les parents ou un membre de l'entourage, s'en trouve totalement transformé. Ils découvrent qu'on peut accompagner un enfant dans l'épreuve ou vers une interruption médicale de grossesse, exactement comme on tient, jusqu'au bout, la main d'un enfant malade, même s'il est condamné. Grâce à quoi le deuil que les parents pourront faire de cet enfant sera différent, et c'est toute sa fratrie déjà née, ou à venir, qui sera ainsi protégée d'un deuil impossible à faire.

On dispose, de nos jours, d'une médecine fœtale très sophistiquée. Il n'est pas paradoxal, contrairement à ce que l'on pourrait croire, de concevoir un travail d'équipe entre ces praticiens et les haptothérapeutes. Quand cela se fait, dans le respect mutuel et dans le souci d'accompagner au mieux parents et enfants, on découvre alors une *synergie étonnante* entre l'efficacité technique mise en œuvre avec humanité et l'accompagnement affectif. Loin de se combattre, *l'**A**ffectif et l'**E**ffectif deviennent complémentaires.* On voit alors parents et enfants affronter ensemble les épreuves avec une certaine sérénité. Les parents sont aidés par le sentiment qu'ils soutiennent réellement leur enfant qui, lui, reste calme, n'ayant pas à affronter l'angoisse d'abandon dans ces moments difficiles.

Les séquelles psycho-affectives dans la triade et surtout chez l'enfant s'en trouvent étonnamment diminuées.

Les enfants bien accompagnés naissent avec un bon tonus de posture, ils tiennent très vite leur tête et, surtout, leur présence est très particulière. Ils sont à la fois calmes et éveillés, souriants, paisibles. Ils pleurent peu et se font facilement comprendre. Le sentiment de sécurité, intériorisé depuis des mois déjà, les rend très autonomes. Leur développement s'en trouve modifié, ce qui implique aussi une modification de la sémiologie pédiatrique. *Globalement on peut dire que ce sont des enfants précoces, ce qui nous amène à penser que, si le développement d'un enfant qui a simplement vécu la sécurité affective est ainsi infléchi, ce sont les autres qui sont artificiellement retardés par un contexte d'insécurité considéré, hélas, comme la norme.*

L'hapto-obstétrique

Elle est l'application de la phénoménalité et de l'éthique haptonomique à l'accouchement et la naissance. Elle favorise une naissance spécifiquement haptonomique. Les sage-femmes ou obstétriciens ainsi formés savent intervenir de façon adéquate (lever une dystocie mécanique ou fonctionnelle par malposition du bébé, par exemple)[1] en se servant d'applications hapto-obstétriques développées à cette fin. L'efficacité de l'approche affective spécifique et du *contact psychotactile affectivo-confirmant* peut même montrer ses effets en salle de naissance auprès de femmes n'ayant eu aucune guidance haptonomique préalable et ignorant tout de l'haptonomie[2].

L'haptopuériculture

Elle est l'application de l'haptonomie qui permet aux infirmières de pédiatrie, de néonatalogie, puéricultrices de maternité et de crèches *d'assurer une approche psychotactile affectivo-confirmante du nouveau-né et de l'enfant au cours de la première année,* qu'il ait eu un accompagnement pré- et postnatal ou non. Les soins prodigués au quotidien à l'enfant, quand ils ne peuvent l'être par les parents, feront ainsi également appel à son *intentionnalité vitale* et à son au-

1. Lire Georgette Tinjod et Albert Goldberg, L'apport de l'haptonomie à l'eutocie obstétricale, et Mehdi Djalali, Analyse de 130 naissances accompagnées haptonomiquement, respectivement p. 59 et 71 et s. de *Présence haptonomique,* n° 6, mars 2001, Actes du IIIe Congrès d'haptonomie.

2. Voir l'article de Patrick Stora, Apport de l'hapto-obstétrique dans l'accouchement dystocique, *Présence haptonomique,* n° 5, avril 1999, p. 53 à 62.

tonomie en lui faisant vivre sentiments de sécurité et de complétude.

En effet, les bébés accompagnés de la sorte ont un développement psychomoteur précoce, vif et bien coordonné, une faculté de compréhension sensible et intelligente, assortie d'une certitude essentielle d'être en sécurité, favorisant la *conscience de soi* et le *discernement* de ce qui est bon pour eux ou dangereux. Le *sentiment de complétude* est le fruit ressenti de cet ajustement harmonieux des différentes perceptions internes et externes, tant musculaires et neurovégétatives, qu'émotionnelles et relationnelles, avec le *monde externe des représentations.*

Le sentiment de complétude est le vécu résultant d'un bon équilibre de ses fonctions, sachant combien, chez le nourrisson, l'organique et le psychique sont, tout particulièrement à cet âge, liés à l'état affectif et émotionnel, pour lequel ce *sentiment de sécurité* est central.

L'haptopédagogie

Contrairement à ce que pourrait faire croire son nom, elle ne concerne pas l'environnement scolaire et les apprentissages, encore qu'une fois intégrée par un enseignant ou un éducateur elle ne puisse qu'en modifier la pratique, comme c'est le cas pour tous les professionnels, dès lors qu'ils pratiquent leur métier avec cette approche.

Elle décrit les différentes étapes du développement de l'enfant, *de la deuxième année à la puberté, selon les critères et la conception de la croissance de l'être humain, dans la logique du développement bien conduit et soutenu d'une hapsis bien développée.*

Cela signifie que l'enfant peut vivre les expériences de sa *corporalité animée* dans la relation à ses proches, dans l'achèvement de ses désirs vitaux dans le plaisir et la délectation, le plus essentiel d'entre eux étant l'expérience de la *confirmation affective* de son être.

De la même façon, pour son épanouissement affectif ultérieur, il est capital de le faire sortir au plus tôt, avant même l'âge de 1 an, de la *phase d'opposition et du non,* pour qu'il puisse entrer dans le ***oui*** du partage avec ses semblables.

Plus qu'un autre, du fait de l'éveil de sa *libido vitale* dès le giron, un enfant accompagné haptonomiquement nécessite la clarté des *confrontations* que suscitent ses comportements et ses conduites, parce qu'il est, plus tôt qu'un enfant non accompagné, conscient de soi. Il doit apprendre à se connaître et mettre en place les bases de son discernement et d'un for intérieur, sous peine de se transformer en tyran domestique, coupable et anxieux de surcroît.

Il s'agit donc de guider l'enfant sur son chemin de croissance et d'épanouissement, d'aider ses parents à le comprendre, à favoriser l'épanouissement de ses dons et capacités, à accepter qu'il trouve ses propres aspirations selon sa personnalité.

Il s'agit plus d'une *guidance* que d'un accompagnement proprement dit. Selon l'âge de l'enfant, cette guidance peut impliquer ou non de faire vivre les premières séances de découverte haptonomiques aux parents, afin que, ayant développé leurs propres facultés happerceptives et leur sécurité de base, ils puissent eux-mêmes mieux offrir à leur enfant l'accueil, les marques de tendresse et la fermeté nécessaires à son éducation.

Bien évidemment, le rythme de cette guidance, sa durée dans le temps, la manière dont se déroulera la séance, ensemble avec les parents ou séparément, est vraiment fonction de son âge et de sa situation. On n'accueille pas de la même façon un petit enfant de 2 ans ou un jeune adolescent.

Il convient ici de mettre particulièrement l'accent sur l'importance des *vécus de plaisir* de la *corporalité animée* de l'enfant dans ses expériences avec son entourage. F. Veldman, à la différence de Freud, décrit une ***libido vitale.*** La *libido génitale* n'est que l'aboutissement de la maturation génitale qui éclôt sur un terrain déjà préparé par les rencontres qui se sont déjà faites à l'occasion de tous les soins que reçoit l'enfant concernant sa *corporalité.*

Le *besoin fondamental de tendresse et de sécurité affective, qu'il aura éprouvées de manière sensible, est reconnu comme essentiel.* Et comme l'enfant est sexué, la découverte progressive de la sensualité, de la génitalité, de l'érotique (et non de son érotisation), liée à la rencontre avec les autres, fait que la libido génitale trouve sa place, en son temps et à son heure propre à chaque enfant, dans le cadre plus vaste de la *libido vitale,* des *facultés intelligentes qui en découlent* et de la *constitution progressive et pleine de sens d'un discernement et d'un for intérieur.*

C'est ce for intérieur qui guidera l'enfant lui-même avec certitude et conscience de soi autonome dans les défis et les risques que lui proposera la vie.

La ***libido vitale*** est, dans le domaine de l'affectivité, cette pulsion de vie primordiale, originaire, principe de vie archaïque, qui pousse le sujet à aspirer à la satisfaction de *besoins essentiels d'ordre affectivo-confirmant.* Vivant alors le plaisir et le bien-être qui en résultent, il se vit lui-même comme « être bon ». Ces expériences donnent sens à la vie, stimulent et étayent le désir de nouvelles découvertes, de nouveaux *défis* et donne courage de vivre et attachement à la vie.

Inversement, le déplaisir qu'engendrent les menaces pour la vie affaiblissent cet attachement à vivre. Ainsi en fut-il des nourrissons ayant perdu leur mère et mis en pouponnières lors de la seconde guerre mondiale, qui firent des dépressions anaclitiques, dont ils pouvaient mourir, si on ne leur donnait pas les soins affectifs appropriés.

Il est donc, dans la pensée haptonomique concernant la pédagogie, toujours mis l'accent sur la nécessité de *défis,* confirmants et confrontants à la fois qui mobilisent l'*aggredior,* ce désir et courage d'entreprendre *propre à la libido vitale et mobilisant l'intentionnalité vitale. En effet, sans défi, pas d'expérience, ni de conscience de soi. Sans conscience de soi, pas de mémorisation des apprentissages ni de connaissance de soi. Si cela se fait dans le plaisir d'expériences confirmantes, contribuant au moins à la structuration des facultés haptonomiques rationnelles, cela constituera la base ultérieure du développement des facultés affectives happerceptives d'un Moi-conscient, chemin possible vers l'ipséité.*

L'haptopsychothérapie

C'est l'application de la phénoménalité haptonomique dans sa forme la plus complète. Psychothérapie affectivo-confirmante, elle est orientée vers la *personne* et vers la constitution d'une *sécurité interne* de celle-ci, source de son autonomie et faisant appel à ses facultés affectives.

« Elle vise à aider la personne à établir, retrouver, restaurer ou développer une santé psychique bien développée. »[1]

En France, les références dans le domaine de la psychothérapie sont essentiellement psychanalytiques, il est donc nécessaire de poser les bases spécifiques de cette approche que propose l'haptonomie. Un bref point d'histoire nous fait constater qu'elle propose un corpus scientifique avec la découverte des facultés happerceptives liées à l'épanouissement de l'*Affectif* humain et sa phénoménalité. Elle se pose comme troisième terme dans l'opposition traversant les siècles depuis Descartes de l'opposition psyché-soma. Pourtant, pas d'autre support substantiel que le corps, pour percevoir le monde de vie et des semblables, pour exprimer la vie de l'intime, pour communiquer.

L'haptonomie, en plaçant la communication interhumaine sous le signe de la ***rencontre de deux corporalités animées,*** *passe du substantiel de la corporéité au subtil de la corporalité animée, celle qui témoigne de la nécessité intime de la sus-jacence du plaisir dans l'accomplissement des désirs d'âme.*

Contrairement aux démarches psychiatriques ou psychopathologiques, qui partent du pathologique pour aller vers le normal, l'haptopsychothérapie, elle, part du *concept du développement normal de la personne en bonne santé psychique*. Ce qui est visé, en effet, n'est pas une quelconque adaptation sociale normative, mais *la direction donnée de normes affectives spécifiques à l'humain par lesquelles il accède à ce qu'il sied pour lui.*

1. F. Veldman, *op. cit.*, p. 578.

Quant à la bonne santé psychique, elle est *le résultat d'un vécu de sentiment de complétude* qui, s'originant dans un *sentiment de sécurité de base,* permet que la personne puisse faire s'épanouir toutes les facultés inhérentes au déploiement de l'*hapsis.*

Vient donc consulter une personne qui souffre soit d'*incomplétude,* ce « je ne sais quoi » qui fait ressentir à l'être « qu'il n'est pas vraiment mal, mais qu'il y a quelque chose qui ne va pas ». Une autre exprimera son manque de confiance en elle-même, ses déboires amoureux à répétition par manque de confiance dans la relation. Une autre encore, de sa difficulté à trouver du plaisir et du sens à la vie en général et à la sienne en particulier. Tel sera en deuil ; tel autre, gravement déprimé. Une autre entre dans l'anorexie. Il pourrait s'ajouter à la liste la survenue d'une phobie, une maladie de peau comme un psoriasis ou un eczéma.

Mais également les troubles de la *coenesthésie* avec toute la pathologie du stress : respiratoire, digestif, du transit gastro-intestinal ou cardiovasculaire. Ce peut être dans les suites d'un choc traumatique, agression, viol, violences ou catastrophes naturelles et humaines dont la fréquence est malheureusement croissante de nos jours. Plus profondément atteinte psychiquement, la personne peut montrer des troubles de la série névrotique ou psychotique, ou les signes d'un état limite. Elle peut aussi demander de l'aide pour une névrose de frustration ou d'angoisse.

L'important n'est pas la plainte ni le symptôme en tant que tels, bien que la forme qu'ils prennent à travers la représentation de soi de la personne infléchisse la guidance du travail psychothérapique.

L'important est l'évidence, pour le thérapeute, du *manque de vécu de complétude de la personne,* même si elle en a un savoir vague. Son *incertitude* sur ce qu'elle désire et son *manque de connaissance de soi,* son *insécurité de base* sont évidentes, aussi bien visibles dans sa représentation de soi que patentes dans son vécu psychique à travers ce qu'elle dit d'elle-même.

Pour toute personne venant demander de l'aide en haptonomie en général, et en haptopsychothérapie en particulier, il est nécessaire et souhaitable de commencer par les ***séances de découverte*** qui ont pour but de permettre d'entrer dans la phénoménalité haptonomique, d'expérimenter par soi-même ce qu'il en est de son rapport au contact tactile proche et à distance et de son rapport à l'espace.

Elles sont au nombre de trois à cinq environ et appellent l'étonnement de la personne devant la découverte de ses propres facultés.

La pleine compréhension que ces phénomènes sont le fait de *ses propres facultés happerceptives* dont elle prend conscience à cette occasion est nécessaire. La liberté lui est laissée d'en rester là ou d'aller plus loin s'aventurer dans les ***séances d'exploration.***

Les *séances d'exploration* constituent un approfondissement des séances de découverte et, comme leur nom l'indique, vont plus loin dans la découverte des ressentis et difficultés rencontrées par la personne dans les premières séances.

Les premières séances ont une trame et un déroulement relativement « codifiés », bien qu'adaptés en fonction de la *représentation de soi* de l'approché. Il est clair qu'on ne contacte pas une personne très vulnérable et sur la défensive de la même façon qu'une personne dans sa cuirasse, une personne méfiante ou en confiance.

Les séances d'exploration, par contre, sont adaptées à ce qui s'est déjà passé entre les deux personnes et sont fonction des découvertes des manques ou des entraves perçus par l'approché. À ce stade, la personne a encore le choix de s'arrêter ou de s'engager dans une haptopsychothérapie proprement dite.

*La liberté donnée au patient de pouvoir décider selon son sentiment de la poursuite ou de l'arrêt de son parcours est exemplaire de l'appel constamment fait dans la thérapie, à l'**intentionnalité vitale** de la personne, à son **discernement** et à sa capacité de décider à chaque moment de ce qui est bon pour elle ou non, c'est-à-dire l'appel fait à son **conatus.***

C'est aussi la liberté laissée au thérapeute de mesurer s'il est la personne adéquate pour l'autre, soit en fonction de sa propre typologie qui peut ne pas s'accorder à celle de la personne, soit qu'une personne de l'autre sexe s'avère plus indiquée, ce qui sera apparu au cours des premières séances.

Quand l'engagement dans la psychothérapie a lieu, la *fréquence des séances* se fait à la demande de la personne et selon son besoin. C'est un appel supplémentaire fait à sa responsabilité, et à son discernement pour ce dont elle a besoin. La durée de la thérapie en est variable selon les difficultés rencontrées. Après un temps de psychothérapie, plus ou moins soutenu et intense, suit une période d'accompagnement. Les rencontres de cette accompagnement sont comme des retours possibles vers un abri sécurisant quand la vie offre des difficultés supplémentaires.

Les prémisses théoriques qui sous-tendent la psychothérapie permettent de saisir qu'il existe ***différents niveaux d'aide psychique à partir de l'haptonomie.*** Il était souligné que *le concept de l'Humain se représen-*

tant au monde des représentations est le creuset de cette pensée haptonomique, c'est ce que démontre l'approche haptopsychothérapique. Du fait de cette représentation du concept de l'Humain en trois secteurs : la *kinesthésie,* la *coenesthésie* et la *thymesthésie* qui, jointe aux deux autres, permet le vécu de la *koïnesthésie* dans les expérience de vie, ***il y a nécessité de différencier ce qui est situation thérapique de ce qui est psychothérapique à proprement parler.***

Il se peut que, chez un médecin généraliste formé à l'haptonomie, une personne, à l'occasion d'un soin médical, s'écroule en larmes et parle d'un événement très personnel et très intime. C'est le vécu de bonté qui émane de la rencontre des corporalités vécues, rencontre rendue possible par l'approche sécurisante et pleine d'attention du médecin disposant du contact tactile affectivo-confirmant, qui est la cause et le remède à la fois de cet émoi.

En effet, la personne, incitée à la confiance, puis soulagée d'avoir été écoutée, comprise et confirmée dans son être, peut repartir apaisée, sans que cela nécessite une psychothérapie.

Cet accueil de la souffrance de l'autre, sans nécessairement l'engager dans une demande psychothérapique est de la même manière juste et adapté dans l'accompagnement prénatal et dans les soins donnés en haptosynésie. Ce pourrait être le cas, par exemple, pour une personne impotente, dans le bouleversement de la découverte de redisposer de la marche, dans la qualité invitante et sécurisante de cet appel fait à son *intentionnalité.*

Toute approche humaine du soin, dans la tendresse, est ***thérapique,*** en ce qu'elle apporte, en plus du geste soignant quel qu'il soit, la confirmation de l'être de la personne qu'elle perçoit comme vécu de bonté, éprouvé dans toute sa corporalité. Et dans le monde technique dans lequel nous vivons, il est tout à fait normal de pouvoir en être bouleversé.

En même temps, rappelons que l'humain en haptonomie est décrit comme une *entièreté* pour laquelle toute impression vécue dans l'un des trois secteurs a sa réplication dans les deux autres, celui de la *thymesthésie* étant le plus important. Le ***travail psychothérapique*** pourra aborder les difficultés du patient et les entraves à son vécu du sentiment de complétude, de manière variée : par le vécu direct de sa corporalité, dans le vécu du sentiment de la base, en touchant sa thymesthésie, à l'aide d'expressions et médiations artistiques. Ainsi, la répétition de l'éprouvé du *sentiment de* ***la*** *base* aide à pouvoir accéder à *une sécurité de base, source d'un sentiment vécu de complétude plus stable.*

Or, si ce sentiment devient un *vécu,* un éprouvé, il va permettre d'*accéder à une autre perception* de la réalité de son entourage et de son environnement. Sa représentation d'elle-même en est modifiée, son interaction avec les autres également et son *monde interne des représentations* aussi.

Pour une autre personne, le développement spécifique de ses *facultés happerceptives* à travers diverses modalités, aura un effet évident d'ouverture de sa présence au monde et de prise de confiance en soi. Il doit être clair, dans ces approches touchant à l'être-au-monde perceptif de l'approché, que c'est directement la ***présence*** de l'approchant, sa capacité de disposer lui-même de ses facultés happerceptives, « toutes antennes dehors », qui rend possible au patient de sortir de ses limitations.

Sinon, ce ne sont que manœuvres rationnelles et techniques qui ne dépasseront pas les facultés liées au tonus de représentation de l'*Extentus rationalis débutant. Le risque majeur d'une telle situation est de bloquer la personne dans le développement de ses facultés affectives et d'entraver leur croissance et leur maturation.*

Car c'est dans l'appel à la *thymesthésie* de la personne approchée que réside l'essentiel de l'haptopsychothérapie. Que le vécu de bonté mutuel et réciproque des deux êtres humains en présence soit source de *confirmation* de l'approché (et par voie de conséquence, en retour, pour l'approchant). Qu'il puisse vivre le Bon de la rencontre, découvrir son propre Bon, en prendre conscience et le faire ressentir réciproquement à l'approchant. Qu'il en prenne connaissance et puisse intérioriser l'expérience dans son *monde interne des représentations.*

Rappelons que la *thymesthésie* est la faculté sensible de vivre l'*affectivité* dans les contacts avec autrui, en étant capable de ressentir ce qui concerne la vie intime de son être. C'est ***dans l'ici-et-maintenant*** de ce vécu sensible avec le thérapeute que la personne va s'enhardir à sentir, éprouver, découvrir ses perceptions, ses émotions. Elle va enfin oser exprimer ses besoins et désirs affectifs dans le contact de *l'approche psychotactile affectivo-confirmante du thérapeute.*

C'est aussi en raison de cet appel fait à la *thymesthésie* que la personne peut soudainement être confrontée, y compris dès les premières séances, à la résurgence d'un souvenir profondément enfoui, vécu oublié de la corporalité. Celui-ci peut surgir brusquement, douloureux et libérateur à la fois, dans le contact tendre haptonomique, dans le silence du Bon partagé et la douceur des retrouvailles avec le Bon de soi-même[1]. *Bien souvent, ses désirs vitaux affectifs profonds les plus importants demeurent encore non conscients pour elle.* Elle vit une certaine ***réalité psychique,*** qui résulte de son histoire, des constructions psychiques qu'elle a dû construire pour s'adapter à sa vie familiale et sociale au cours de son enfance, mais elle n'a pas conscience du ***réel*** auquel elle aspire.

On dit, en haptonomie, qu'elle est encore ***ex causa,*** dépendante de ce qui a été les causes de *sa manière d'exister*[2] qui peut être très éloignée, par adaptation et compromis, de ce que peut être sa *manière d'être.* À l'occasion des expériences renouvelées de confirmation *affective* offertes par le thérapeute et vécues dans la rencontre, au fil du développement de sa *sécurité de base* et de sa *conscience de soi,* la personne peut commencer à se connaître, dans son *authenticité* ; elle peut, petit à petit, oser révéler ses goûts et ses désirs profonds.

Lorsqu'elle peut se délier de son passé, s'en libérer, accéder à une *liberté intérieure* et développer peu à peu un *Moi-conscient,* et peut-être accéder plus tard à son *ipséité,* elle devient ***extra causam,*** elle s'est libérée des « causes » de sa *manière d'exister* pour entrer dans un véritable *manière d'être* affective, ouverte et sensible.

Toute la confiance instaurée dans l'approche des premières séances vise à créer les conditions de cette révélation à l'approché de son être pour qu'il vienne à

1. Pour une compréhension plus approfondie de ce phénomène, voir le schéma de la représentation de l'humain et le lien entre perception, conscience et mémoire.

2. Pour la différence entre manière d'être et d'exister, voir p. 51 de cet ouvrage.

en prendre conscience lui-même grâce à la qualité affective de l'approchant. La notion ***d'amour contenu*** mérite quelque éclaircissement. Elle témoigne de la nécessité pour l'approchant de pouvoir doser, graduer l'intensité de sa présence pour le patient. Il est très difficile d'en rendre compte sans affadir, rationaliser ou dénaturer la qualité de cette expérience qui, pourtant, *va de soi* lorsqu'elle a lieu en séance, dans l'interrelation, pour cette personne-là, à ce moment-là. Ce gradient de présence de l'approchant s'ajuste à partir de son propre *discernement* et de ce qu'il ressent, à partir de sa propre *thymesthésie* et de son *authenticité* et de son *engagement* dans la relation à l'autre.

Ce *transfert d'amour,* ce *« flux de sentiment »*[1] du thérapeute vers le patient, s'accompagne d'une réponse en retour, de la part de celui-ci, que l'on nomme, ici, *contre-transfert*. ***Contre***-(transfert), par analogie avec les boucles de ***contre***-réactions synergiques sollicitées dans l'approche kinésionomique de la personne[2].

La ***Philia guidante haptonomique***[3], autre façon de nommer l'amour contenu, est donc cette approche prudente, pleine de respect, de sécurité et de tendresse confirmante. F. Veldman évoque, comme modèle de la *confirmation affective,* l'amour que des parents aimants donnent à leur enfant. Ils lui donnent amour, sécurité, limites claires et sensées, et le guident sur son propre chemin vers son autonomie. La *Philia* est cet amour désintéressé qui invite dans un monde de par-

1. Voir F. Veldman, *op. cit.,* p. 443.
2. Voir, pour ce qui concerne la psychothérapie, le chap. 14 du livre de F. Veldman, *Proximité, intimité et confidentialité.*
3. Voir F. Veldman, *Haptonomie, op. cit.,* p. 417.

tage de sentiments, mais ne prend rien et accompagne la personne sur la voie de sa libération.

Dans ces conditions, on comprend que *le but de l'haptopsychothérapie* ne sera pas l'élucidation de l'histoire de la personne ni la recherche de la compréhension des causes éventuelles de son aliénation, même si cette clarification peut survenir, chemin faisant. Ce n'est pas : « Pourquoi te manifestes-tu ainsi ? » qui importe, mais : « Comment te manifestes-tu ? » Cela est un appel, ici et maintenant, dans la rencontre avec le thérapeute, à la découverte de la manière d'exister du patient. C'est-à-dire *moins le contenu causal* de ce qui est à la source de sa représentation de soi que la *forme de ses extériorisations affectives.*

Cela n'exclut pas non plus qu'à certains moments, dans la parole *« parlante »,* le *sermo* du dialogue du cœur-à-cœur, la personne parle de ce qui la fait souffrir. Mais, dans le contact proche et intime, l'écoute de son souffle fait à tout moment percevoir au thérapeute la consonance de celui-ci avec ce qui est dit. Il y a une grande différence de ton, de timbre, de rythme et d'émotion entre la parole *« parlée »* (vide et qui parle pour parler) et la parole *« parlante »* (qui parle pour dire à l'autre et le rencontrer).

Dans cette ambiance de tendresse, intime et souvent très émouvante, la personne va être accompagnée sans jugement, avec prudence et fermeté entre répétitions progressives de la confirmation de son être et confrontations conséquentes face à ses refus, fuites et comportements inadéquats dans le présent de la relation thérapeutique. Elle va découvrir, par exemple, que, derrière la ***réalité*** de sa morgue ou de son agressivité, il y a un petit enfant qui attend désespérément d'être accueilli, confirmé et rassuré sur le Bon qu'il représente et qui a beaucoup souffert d'isolement et d'abandon. Et cela est véritablement le ***Réel*** de son âme qui doit être nourrie affectivement pour grandir. Ayant dépassé la peur de vivre ses véritables émotions, la personne peut oser vivre le plaisir de s'exprimer affectivement dans la rencontre avec les autres.

Cet aspect de la thérapie peut conduire le thérapeute à guider le patient dans une ***haptoanalyse*** qui est une *régression guidée*. Elle accompagne le patient dans les premiers âges de l'enfance, dans des besoins qui peuvent être très premiers et demander un retour à des périodes de maternage et de sollicitude qu'on donnerait à un tout-petit. Mais il doit être bien clair, à l'instar du travail d'accompagnement pré- et postnatal, que si l'*attachement* au thérapeute est considéré comme nécessaire et accepté durant ces moments émotionnellement et psychiquement difficiles[1], pour pouvoir retrouver et affronter les douleurs du passé et s'en libérer, le *détachement* doit alors être son pendant, aussi clairement nécessaire à la fin de chaque séance. Cela signifie de détacher, *sans abandonner,* ce qui, dans le contact du *pervium,* est un éprouvé très éclairant et signifiant à chaque fin de séance. Cela signifie aussi de permettre à l'adulte qui vit cette régression de ***se*** retrouver, en fin de séance, reconnu et confirmé dans l'âge actuel qui est le sien.

Il faut bien comprendre que la régression accompagnée dans ce contexte est un chemin pour aller à la rencontre des potentialités de la personne, là où elles

1. Voir D. Décant-Paoli, Approche haptopsychothérapique des personnes souffrant du borderline syndrome, in *Présence haptonomique,* n° 6.

ont été laissées inaccomplies, faute d'expérience de confirmation de son être dans son enfance, pour les aider à se révéler et mûrir.

Dans ce type de guidance, la sortie de la période régressive peut nécessiter un ***accompagnement psychagogique***[1], c'est-à-dire d'accompagner la personne à vivre certaines expériences de partage qui lui ont manqué à certaines époques de sa vie.

L'***haptopsychagogie*** (éducation de l'Affectif) est une application de l'haptonomie qui concerne les troubles du développement du *Moi-conscient* et du devenir-une-personne dans un contexte psycho-éducatif. Elle s'adresse aussi bien aux enfants qu'aux adolescents qui souffrent du manque d'épanouissement de leur identité, de troubles du développement que de difficultés d'apprentissage scolaire. L'augmentation flagrante du nombre d'enfants souffrant du syndrome d'hyperactivité avec déficit de l'attention[2] ou de troubles obsessionnels-compulsifs témoigne de leur *manque de sécurité de base* et de *sentiment de complétude,* qu'ils peuvent développer avec profit dans cette approche.

Approche sécurisante de l'être dans les souffrances et les déformations de la constitution de l'image-de-soi et du monde-de-vie, l'haptopsychothérapie s'appuie sur le contact *psychotactile affectivo-confirmant* pour permettre au patient de découvrir son authenticité et sa capacité de vivre la sus-jacence du plaisir dans sa vie. Il ne s'agit pas de transformation de son être, mais de la libération des entraves de son histoire pour

1. Voir, dans ce contexte, Ine Op Heij, Anorexie mentale et haptopsychothérapie, in *Présence haptonomique,* n° 5, 1999.

2. Voir Ine Op Heij, Haptopsychagogie d'enfants souffrant d'un syndrome d'hyperactivité (ADHD), in *Présence haptonomique,* n° 6, 2001.

développer sa *sécurité de base,* accéder à l'épanouissement de ses *facultés thymesthésiques* sensibles et *(esth)éthiques.*

Ainsi libéré, il peut développer pleinement, à son rythme et de la manière qui est la sienne propre, les potentialités de sa constellation significative[1] et parcourir sa trajectoire de vie.

L'haptosynésie

Elle est une application de l'haptonomie à la pratique des soins de personnes handicapées ou malades de telle façon qu'elles puissent faire appel au mieux à leurs propres ressources et elle tend à optimiser et humaniser la relation entre le soignant et le patient.

Synésis veut dire : « rencontrer, être avec », aussi bien qu' « apporter son aide, seconder ». Ce terme est aussi utilisé dans le sens de « donner compréhension, faire appel à la faculté de comprendre et de prendre conscience (de soi, de ses aptitudes) ».

L'haptosynésie fait appel chez le professionnel de la santé à ses qualités de transparence, de présence, de prudence, qui fondent la relation affective.

C'est l'efficace du *contact psychotactile affectivo-confirmant* qui est mis en jeu dans la rencontre avec l'autre, grâce aux facultés haptonomiques affectives manifestées dans le *tonus de représentation* de la personne approchant un malade ou une personne porteuse d'un handicap.

Nous avons vu que, dans la manière d'exister de l'*Extentus rationalis,* s'est déjà produite une certaine libération et capacité d'être autonome dans la communication interhumaine, par rapport à l'état habituel de

1. Voir F. Veldman, *op. cit.*, p. 215.

vulnérabilité dans lequel se trouve la grande majorité des personnes.

L'individu dispose alors d'un *tonus musculaire* souple, élastique et fonctionnellement bien ajusté à son but de façon équilibrée. Il s'agit de l'*auxotonus happerceptif* qui est sous la conduite d'une régulation cybernétique dans l'interaction harmonieuse des innervations alpha et gamma.

A fortiori la personne ayant atteint la manière d'être de l'*Extentus Affectus* (ou de l'*Extentus Concentus*) en dispose-t-elle, avec ses facultés haptonomiques inhérentes de *Persensus* et de *Transsensus.*

Si l'*Apotononus,* mode du tonus de représentation caractéristique de l'*Extentus rationalis,* évolue, *il est parachevé dans l'Eustatus.*

Or c'est cela même sur quoi il convient d'insister à nouveau. C'est le tonus de représentation de l'approchant, qui s'exprime dans son « admotio », c'est-à-dire la qualité de son approche, cet « allant-vers-l'autre » ressenti par l'autre, qui est décisive dans toutes les applications de l'haptonomie, et celle-ci en particulier. Au lieu de laisser le malade dans une position d'objet manipulé, il s'agit de tendre la main à une personne en souffrance.

La révolution que représente l'haptonomie, dans l'approche du handicap, c'est d'être aux antipodes de la manière de rééduquer habituelle, où l'on demande une commande volontaire des activités musculaires « localement » atteintes. Deux principes majeurs y sont à l'œuvre :

1 / *Toute approche d'un symptôme se fera dans la globalité de la corporalité animée de rencontre* qui ne touche pas une partie d'un corps mais, avant toute chose, rencontre d'abord l'*entièreté* de cette personne. Et ce n'est pas métaphorique, car la personne approchée, où qu'elle ait été contactée dans sa corporalité, se sent en confiance, entière, en sécurité, respectée et se détend. Son propre tonus de représentation en est aussitôt modifié dans la rencontre et fait disparaître sa vulnérabilité.

2 / *Il n'est jamais demandé d'acte volontaire cortical de commande musculaire.*

Du fait même qu'il est question de la ***rencontre de deux corporalités,*** toute correction, acte technique ou rééducatif, se fait dans *l'appel à l'intentionnalité vitale de la personne en demande d'aide.* Il faut alors voir que c'est la présence au-delà de soi de l'approchant, son invitation contenue dans son approche, avant même l'ébauche du geste nécessaire et adéquat à la situation thérapeutique, *qui modifie, par anticipation, le tonus de représentation de l'approché.*

Comme on l'a vu à l'œuvre dans l'approche haptopsychothérapique, c'est l'écoute fine et sensible du ***still point*** de l'autre, grâce aux facultés happerceptives de l'approchant, qui ajuste constamment ses actes, en vue d'aider l'approché.

La découverte des effets de la régulation du tonus musculaire par le biais des fuseaux neuromusculaires et leurs boucles de régulation périphérique, souscorticales, liées au *système limbique,* permettent de comprendre l'efficacité de l'*approche affectivo-confirmante* du *pervium,* qui court-circuite la raideur et les spasmes consécutifs à la commande volontaire, en invitant d'une façon préreflexive, prélogique et prérationnelle, dans le cadre de l'infirmité motrice cérébrale ou de l'hémiplégie, par exemple. De la même manière, peut-on aider un malade atteint de maladie de Parkinson ou de sclérose en plaques à redécouvrir la capacité de marcher, dans *l'être-ensemble* avec l'approchant ?

Cet ***art du soin*** *s'exerce à contre-courant de ce qu'il est coutume de vivre dans le monde médico-technique actuel.* En effet, il est habituel d'objectiver le corps souffrant, de mettre à distance la souffrance de l'autre en le rendant aussi neutre que sa pancarte ou son diagnostic.

L'haptonomie, bien au contraire, montre que, en approchant affectivement et humainement une personne porteuse d'un handicap ou de limitations physiques de tous ordres, elle permet de restituer à la personne l'élan de sa *libido vitale,* son *sentiment de complétude.* Malgré la réalité vécue de son handicap, elle peut rester présente à la vie, toujours elle-même, avec la qualité propre de ses émotions et de ses sentiments, dans une relation avec les autres humains.

On peut en saisir l'importance déterminante pour le handicap du jeune enfant[1], pour lequel les *éprouvés de plaisir des vécus de la corporalité animée* sont d'une importance capitale pour son *avenir thymopsychique.*

Pour les adolescents atteints de handicap moteur, entre autres, l'utilité considérable de tout ce qui concerne *le vécu du sentiment de la base,* non seulement pour le vécu de la *koïnesthésie,* mais aussi pour tout leur devenir érotique ultérieur.

Les indications sont très larges, dès lors que le sens donné à cette approche, à base des connaissances spécifiques de la fonction et des compétences de chaque

1. Dolto-Tolitch Catherine, Trois détresses, trois énigmes, in *Présence haptononique,* n° 6, mars 2001 (Actes du IIIe Congrès d'haptonomie).

thérapeute, est *l'accès, pour la personne en demande, d'aide à vivre dans la dignité de l'être, d'une part, et d'autre part, à vivre le handicap, indépendamment de son pronostic et de son évolution, en dépassant les craintes et appréhensions inhérentes aux limites et limitations de la maladie ou du handicap.*

L'accompagnement des personnes âgées et des mourants

Il s'agit d'un développement de la synésie, qui obéit donc aux mêmes principes dans l'approche des personnes et l'appel fait à leur *intentionnalité vitale.* Dans le cas des personnes âgées, il est particulièrement important de mettre en jeu, dans les rencontres au cours de la vie quotidienne et des soins médicaux nécessaires, une approche affective sous-corticale, prélogique et prérationnelle.

Cette mise en jeu est d'autant plus utile que ces personnes ont souvent des défaillances corticales dues à l'âge, qu'on restreint souvent leur autonomie, encore possible pour nombre d'entre elles, dans une infantilisation et une dépendance qui aggravent leur état.

Il se crée un cercle vicieux de la dépendance acceptée et maintenue dans les bénéfices secondaires de la passivité et de la régression, mais source d'affaiblissement de la *libido vitale.*

Les personnes âgées que l'on appelle à utiliser les ressources de leur *intentionnalité vitale,* révèlent souvent des capacités insoupçonnées d'amélioration de leur état, si des offres conséquentes et répétées de confirmation affective de leur être leur donnent la possibilité d'affronter de nouveaux défis. Cela leur redonne goût à la vie et retrouvailles avec une dignité en perdition.

La ***fin de la vie*** est encore l'occasion d'une dernière avancée sur le chemin de l'être, un ultime accomplissement de soi-même au contact de ses proches, dans l'accomplissement des liens avec ceux qu'on aime et avec soi-même. Bien souvent la mort ou l'agonie sont médico-techniques, à l'hôpital, dans l'isolement et l'abandon des familles impuissantes devant la détresse de celui ou de celle qui va partir et la prise de distance des soignants qui ont peur d'être affectés et supportent mal leur impuissance.

La *confirmation affective de la personne mourante* est ce dont elle a le plus besoin pour sentir qu'elle n'est plus seule, que la présence des soignants l'aide à traverser les différentes étapes et à mourir en paix.

La *confirmation affective des membres de la famille* du mourant est également essentielle.

Aider à pouvoir laisser venir les émotions partagées, sans effroi de leur conséquence. Sentir la bonne distance dont a besoin le mourant, dans le contact d'une main ou la seule présence de l'*être-ensemble*. Moments de silence partagé, de confidences, derniers échanges qui rendront le deuil plus doux. « Aider à pouvoir » concerne aussi les soignants qui, grâce à cette approche et au vécu de *sécurité de base,* propre au développement de leurs facultés haptonomiques affectives, peuvent assister les moments difficiles des familles, effectuer leur tâche et ne pas se perdre dans les émotions ou le rejet de ces dernières, au détriment de la personne mourante.

L'accompagnement haptonomique des mourants est une possibilité humaine de donner sens à l'étape ultime de la vie de telle sorte que, dans un dernier élan de l'*intentionnalité vitale,* le mourant puisse *choisir* le moment où il exhale son dernier souffle.

La kinésionomie

La ***kinésionomie*** forme un élément fondamental très spécifique de l'haptonomie et comprend la ***science des comportements*** par lesquels l'humain, à travers ses mouvements expressifs et communicatifs, ***s'actualise*** ou – en tant que personne – ***s'actue,*** de manière individuelle.

Elle est une application de la phénoménalité haptonomique qui met l'accent sur les aspects kinésionomiques, qui font montre de l'*élan vital* de l'humain dans les mouvements de sa *corporalité animée.* C'est sur la base de la rencontre haptonomique, avec ses boucles-de-réaction synergiques, liées à l'***auxotonus happerceptif,*** présent chez l'approchant, qu'est facilitée une action commune (faire s'asseoir quelqu'un dans son lit, par exemple).

L'interaction liée à l'*invitation anticipante* fait un appel attentif au *still point* haptonomique et *s'initie à partir de lui, comme c'est le cas dans toutes les interactions thérapeutiques, quel que soit le domaine d'application haptonomique.*

La ***kinésionomie clinique,*** *s'oriente tout particulièrement vers les soins hospitaliers* pour les rendre plus efficaces, plus confortables pour le malade et le soignant, en ce qui concerne les actions et mobilisations inhérentes aux soins médico-chirurgicaux. L'approche plus humaine et plus affective concernant l'ensemble des soins facilite le travail au lit du malade dans le respect de son individualité en tant que personne.

Quelques éléments fondamentaux de la *kinésionomie* jouent un rôle tout à fait déterminant, comme nous avons pu le constater, dans l'accompagnement pré-, péri- et postnatal haptonomique, et plus particulièrement en hapto-obstétrique, en haptosynésie et en haptopsychothérapie. Ces éléments concernent le ***concept de la base haptonomique,*** qui détermine la représentation de soi par le *sens kinesthésique* (qui concerne la sensation du mouvement).

Ce concept implique la notion de se sentir entier, de ***sécurité de base,*** de ***sentiment de base*** et ***de vécu*** (sentiment) ***de la base*** : de *sentiment de complétude,* le tout englobant l'*image de soi* en tant qu'image individuelle de la *corporalité animée.*

La *base* se situe dans le bassin, que l'on peut imaginer comme une coupe soutenue par les jambes, et d'où s'élance la colonne vertébrale, tenue en équilibre par les mouvements du bassin. Chez une personne qui a développé ce sentiment de la base, elle montre son aptitude et sa faculté à ***être présente dans sa base,*** et montre alors qu'elle a une ***présence de base*** caractéristique d'un *état de sécurité de base* vécu.

Elle dispose alors de ses facultés happerceptives, vit et manifeste dans sa présence un état d'être ouvert non délimité de l'affectivité nommé *« Aanzijn » (Adresse animo),* par Frans Veldman. Cela implique dans toute rencontre un engagement personnel communiquant et anticipant qui affermit et confirme l'autre et se trouve permettre l'efficacité thérapeutique dont nous avons donné maints exemples. *L'instant* qui initie et amorce tout geste qu'elle fait en direction de l'autre et qui va entraîner une *communication réciproque, ensemble,* sensibles, « à l'écoute », se trouve dans le *« still point » haptonomique*[1] plein d'attention, de vivavité, de vitalité dansante.

1. F. Veldman, *op. cit.,* chap. 16.

CONCLUSION

L'haptonomie, science de l'Affectivité, science de l'être humain dans ses rapports au monde de vie et au monde d'interactions humaines, est centrée dans sa théorie comme dans ses applications pratiques sur les conditions possibles d'une présence véritablement humaine, c'est-à-dire consciente, ouverte, franche et authentique, enracinée dans une affectivité bien développée, unie harmonieusement à la raison et l'irradiant. L'humain peut alors participer à la société à laquelle il appartient en tout discernement responsable et en autonomie, et dans la capacité à vivre tout le bonheur possible dans son existence.

Conception idéaliste et utopique ? Pas tant que cela. Réfléchissons. Réfléchissons aux deux courants de pensée qui ont dominé la pensée de la fin du XXe siècle, le marxisme et le freudisme.

Le premier a donné l'hégémonie et subi l'agonie que l'on sait, laissant des populations entières dans la misère, voire soumises aux pouvoirs de l'argent et de la mafia.

Quant au second, il a prospéré géographiquement et théoriquement avec des fortunes diverses, engendré de fécondes applications – notamment dans le domaine de la connaissance de la petite enfance ou le domaine de la création – et fortement contribué à une humanisation de la psychiatrie et de sa prévention. Mais il a subi aussi la vulgarisation affadissante de ses concepts (affront inéluctable du temps et de la diffusion médiatique) et les dilutions les plus variées de sa pratique initiale.

Le premier prônait la parousie d'un bonheur social à venir pour les masses laborieuses, et la seconde, un travail psychique de doute lucide et créateur de l'acceptation de la division d'un sujet toujours étranger à lui-même puisque porteur de la division de son inconscient.

Or la *découverte* de la psychanalyse et celle de l'haptonomie s'inscrivent dans deux contextes socioculturels différents.

Les hystériques que Freud observa aux leçons de Charcot à La Salpêtrière et le contexte des limitations encore marquées de la sexualité féminine et de la condition des femmes en général dans la bourgeoisie viennoise intellectuelle et cultivée des années 1920 sonnant le glas flamboyant d'une époque, voilà le berceau de la psychanalyse. L'expérience brutale, initiatique des camps et de la mort (au sens d'un *initium*, d'un début dont on ne se remet pas et qui donne sens à toute une vie) et le spectacle de l'humain réduit à la bestialité la plus vile ou la plus féroce ou capable au comble de ses capacités sublimatoires du meilleur, au péril même de sa propre existence, voilà le berceau de l'haptonomie.

F. Veldman témoigne de la tentative inlassable et toujours en chemin, puisqu'il enseigne encore de définir ce qu'est **« *être* pleinement *humain* ».** De quels potentiels d'accomplissement **chaque** humain est-il porteur ? *Quelles **valeurs** doivent absolument – au sens d'un impératif catégorique kantien – être préservées pour qu'une humanité digne de ce nom perdure ?*

Toutes les machines dérivées du principe de l'ordinateur sont binaires. *Oui ou non,* c'est ou ce n'est pas, selon une logique binaire sans subtilité ni adaptabilité à la mouvance du vivant. Or les humains dans la logique complexe de leur vie sont, bien des fois, *oui et non* en même temps. Parfois même l'humain se coupe en deux, écoute Mozart le soir, embrasse ses enfants le matin et travaille à la solution finale, en organisant le rendement des chambres à gaz.

La question du Mal a hanté la fin du XXe siècle. Pour George Steiner[1], *penser* la fin du IIe millénaire, c'est tenter de circonscrire, de comprendre, même à un niveau simpliste, le trou noir dans l'histoire de l'humain. Les statistiques – la *Shoah,* les quelque 70 millions d'êtres mis à mort par Staline et Mao, les chasses à l'homme et les massacres en Afrique, en Indonésie – dépassent toute analyse rationnelle...

N'est évidente qu'une seule chose : à une échelle qu'il nous est impossible de calculer, de définir « scientifiquement », ce siècle ***a fait baisser le seuil de ce qui est humain dans l'humanité.*** Mais, dans le même entretien, George Steiner ajoute aussi : « Penser veut dire aussi rêver. Avec joyeuse rigueur et concrètement. » Alors disons de manière concrète et rigoureuse ce qui anime la démarche haptonomique.

Le *« souffle »,* que donne l'intuition et la créativité d'une réelle intelligence de partage et de cœur entre humains, en syntonie affective *(« concentus haptonomicus »),* dépasse les limites apparentes d'une situation, de la même manière qu'une réaction chimique s'accélère lorsqu'une certaine quantité de substance nouvelle s'est produite, et peut même déclencher

1. Réponse de George Steiner à la question « À quoi pensez-vous ? » posée par *Libération* dans son numéro spécial an 2000, rapportée dans « George Steiner, *Entretiens* », UGE, « 10/18 », avril 2000.

d'autres réactions en chaîne. C'est cela qu'expérimente un être humain lorsque, maturant dans son être, il se trouve franchir un seuil et disposer des facultés affectives happerceptives et de la *philia.*

La maturation des facultés de l'hapsis contient ainsi, à la fois, ce potentiel d'accomplissement propre à sa nature et la régulation même de ses pouvoirs qui lui est inhérente, grâce au discernement dont elle permet l'advenue.

Ainsi, parallèlement à l'insistance avec laquelle il décrit les facultés nécessaires à l'humain pour vivre harmonieusement et en bonne intelligence avec l'autre (celle du cœur), F. Veldman insiste avec non moins de force sur l'appel à l'*intentionnalité vitale* de chacun et à sa *responsabilité individuelle* face à la trahison de ces valeurs, ici et maintenant. Prônant les vertus structurantes de la *confirmation affective* de l'amour et de la tendresse au sein de la famille, il paraît de ce fait d'un conservatisme désuet.

« Conservatisme » même proprement « décadent », car cela au nom du droit inconditionnel de l'enfant à bénéficier des conditions propres à favoriser au mieux la communication affective entre lui et ses parents, assurance du plein développement de son germe dès la conception. Il s'érige aussi vigoureusement contre certains « progrès » scientifiques autour de la procréation et de la naissance, vouant aux hasardeuses nécessités technoscientifiques la certitude du « Bon » indispensable à cette vie à venir.

À l'inverse, le voilà complètement révolutionnaire avec sa conception de l'*Éroos* et des vécus de plaisir et de contact, source d'éveil de la *libido vitale* avec toutes ses conséquences sur le développement affectif et la communication entre les humains, et ce, **à tout âge.**

Frans Veldman fait en effet la différence entre les *désirs libidinaux vitaux* et les *pulsions libidineuses* qui peuvent les accompagner et les orienter vers une relation d'amour pleine de plaisir, de sens et de joie ou les réduire à une pure activité sexuelle privée de toute confirmation affective réciproque. Cela clarifie la différence fondamentale entre *l'acte d'amour* et *l'action sexuelle.* Il différencie ainsi *l'**Erôs** (Eroos),* l'***Eros*** (avec un seul o) et le ***Sexus***. *L'Eroos* englobe tous les aspects de la communication affective *tendre* et pleine de *confiance réciproque* dans le Bon et le Beau de la rencontre. L'*Eros,* lui, englobe tous les contacts et interactions de nature *érotique* du plaisir réciproque sensitif et sensuel de personnes qui s'aiment. Le *Sexus* ne concerne que les *pulsions sexuelles, génitales, liées à la libido sexuelle,* et à la recherche de sa satisfaction, sans amour nécessairement[1]. Soutenir que, passée la petite enfance, les êtres humains conservent tout le long de la vie le besoin de ces contacts de proximité tactile de tendresse dans lesquels la *confirmation affective* peut être vécue grâce à la qualité de l'approche (dans la *corporalité animée* qui dépasse le « corps », le transcende, et non la corporéité qui expose à l'éveil du sexuel et des projections de tous ordres) peut, en effet, paraître scandaleux.

Nous vivons dans un environnement excitant et surstimulant. Hypertrophie assourdissante du bruit pour l'oreille : aucun cinéma où l'on ne soit violenté par le son, télévision-baby-sitter allumée dès le réveil pour – et même par – les petits. Il n'y a plus un endroit où ne sonnent plusieurs téléphones portables à

1. F. Veldman, *op. cit.*, p. 263 et s.

la fois, dans l'indécence de l'intime clamé au tout-venant et à tout vent.

Si le but de l'éducation selon Pascal était de pouvoir rester seul dans une pièce silencieuse, nous sommes loin du compte ! On peut tout *voir* dans notre société, où tout est mis en image, la mort, le sexe et même, depuis l'Internet et la télévision, la vie quotidienne (et la mort) d'autrui en direct. On peut aller très loin dans le *faire* dans ces registres, mais quel éducateur osera encore prendre un adolescent effondré dans ses bras pour le consoler sans craindre d'être accusé de pédophilie ?

Quel soignant, hormis peut-être en soins palliatifs, osera aller vers « son » *(sic)* malade dans une rencontre personnelle et non artificielle ou dominatrice – même avec la meilleure bonne volonté – sous des couverts chaleureux apparents conditionnés par son rôle professionnel, comme il se voit couramment, en gériatrie, par exemple ?

Combien d'enfants naissent maintenant au moment conforme à l'emploi du temps de la clinique ou de celui de l'accoucheur et non à celui que mère et enfant synchronisent à **leur** temps ?

Il existe un vrai mouvement planétaire de prise de conscience de la destructivité de l'humain pour son environnement (la destruction de la couche d'ozone, la déforestation, les déchets nucléaires).

La découverte du prion, les aliments transgéniques ou l'utilisation des pesticides, entre autres, ont créé l'obligation. d'une vigilance sur la qualité de l'alimentaire.

Mais la ***prise de conscience individuelle,*** surtout dans le cadre des grandes cités, *des besoins profonds de confirmation affective et de prise de sens des expérien-*

ces de représentation, la relation avec des repères affectifs stables pour un être jeune, devient de plus en plus une gageure.

Dans certaines classes sociales, la pression de groupe et ses valeurs de profit et d'efficacité, même au prix de la transgression sociale, est extrêmement dominante pour bon nombre. On s'inquiète de l'augmentation du nombre d'enfants dits hyperactifs, de la montée de la violence chez les jeunes, du taux de leur suicide. Les enseignants témoignent de leur difficulté croissante à se faire respecter. Ils s'alarment de voir leur tâche d'enseignant s'élargir à celle d'éducateur de façon de plus en plus pesante du fait des carences de la famille.

Ce n'est pas d'animation culturelle dont manquent ces jeunes, seule ***l'animation affective de leur être*** leur fait défaut. Seule la confirmation affective les ferait sortir de l'ennui et donnerait sens pour eux aux rapports humains en leur permettant de s'identifier à des adultes fiables, eux-mêmes en sécurité affective. Ils développeraient ainsi un discernement et une capacité de compassion ou, au moins d'empathie, pour autrui.

Enquêter, écrire des rapports, dépister, prévenir, faire des expériences-pilotes, il est en quelque sorte trop tard déjà. Nous ne faisons que ratifier le symptôme. Ce n'est plus de prévention dont il est question, mais bien de soin à une société en souffrance.

André Malraux avait proféré, avec emphase : « Le XXIe siècle sera religieux, ou il ne sera pas ! » Non, il sera celui de la **conscience** ou il sera très mal en point.

La « conscience », un des mots les plus riches, les plus profonds et les plus vastes de l'être humain, qui a donné *« conscienciex »*. Hélas, la connotation laborieuse de ce mot l'a affadi depuis belle lurette ! Autre symptôme de notre temps que cet usage qui l'a raplati au niveau d'une efficacité besogneuse et rationalisante. À la source du *discernement* intelligent est la conscience du *thymos* irradiant la raison qui, paradoxalement, a cette flexibilité nécessaire à la rapidité et à l'exigence d'efficacité et de rentabilité du monde actuel. Tyrannie qu'elle *doit* refuser. Avec la *prise de conscience,* quand elle vient du *for intérieur* et d'un *discernement* éclairé par l'Affectif, le *thymos,* sont inhérentes l'***éthique*** et la ***responsabilité*** de chacun face à son monde de vie et aux représentations de lui-même avec les autres.

Une grande part de la souffrance actuelle de notre société est la difficulté d'*être à sa place.* Dans sa famille, à l'école, au bureau, c'est-à-dire dans le sentiment d'y être reconnu dans le Bon et la valeur que l'on a, au lieu d'y être – anonymement parfois – confronté à des exigences dénuées de sens pour-soi et tiraillé dans une exigence de rendement absurde, parce que sans valeur pour l'être.

Une autre grande souffrance est celle du *temps.* Même paradoxe de revendiquer et d'avoir socialement de plus en plus de temps, quand on n'a pas *en soi* les repères de qui est essentiel *pour soi,* et que parallèlement il faut de plus en plus se soumettre à l'accélération du tempo social.

Le *respect de l'humain* commence dans le *respect du temps* de la naissance en maternité, de son début comme de sa durée. Ensuite, d'un temps nécessairement « individualisé » du petit enfant pour ne pas être perdu en cours de récréation en maternelle à 2 ans – « son » propre temps d'expériences, de cogitation, d'estimation, de conation dans l'engagement des apprentissages qui lui sont proposés, au lieu d'un prêt-à-apprendre-en-kit-et-en-temps-limité.

Dans les métiers en relation avec l'humain, plus on devient technicien, ou cognitiviste, moins on fait appel à ce savoir intuitif engrangé dans l'Affectif humain, qui rend bien plus efficace quand on l'écoute et qu'on s'en sert. Combien d'économies pour la Sécurité sociale que cette *prévention de l'Âme,* liée, elle, à la sécurité de base d'une personne vivant sa complétude et son authenticité !

Il existe des différences de niveau de représentation de l'humain dans ses facultés rationnelles ou affectives, auxquelles correspondent des facultés et des capacités différentes qui, comme nous l'avons vu, sont les effets très concrets et très efficaces de la phénoménalité haptonomique.

La sécurité de base, présente chez une personne disposant de ses facultés rationnelles, lui permet déjà une transformation de l'ordinaire de ses capacités d'accueil, dans n'importe quel bureau, relation personnelle ou situation sociale difficile. Elle ne surajoutera pas sa propre angoisse existentielle à ce qui se déroule, en amplifiant ainsi la peur ou les difficultés réelles à affronter.

Au-delà de ce qui serait déjà un partage humain beaucoup plus raisonnable, **l'essentiel et le plus révolutionnaire de l'apport de l'haptonomie est la maturation et la disposition des facultés affectives en potentiel chez tout être humain.**

Qui peut le plus, peut le moins. Un humain ayant pu développer son *Moi-conscient* (plus rarement son *ipséité*) dispose de cette *happerception* et de ces facultés intuitives qui lui donnent une manière d'être immédiatement perceptible pour autrui.

La sécurité de base qu'il vit lui donne une profonde confiance dans ce qu'il vit et ressent. Il fait confiance à l'*intentionnalité vitale* de l'autre et cherche à la promouvoir, il lui inspire confiance.

Il peut avoir seulement à régler dans son propre métier des circonstances pratiques ne mettant en jeu que des aspects rationnels de sa présentation, mais il peut devoir aussitôt disposer dans l'instant de toute sa tendresse humaine et de toute sa présence affective, sans que ce soit un savoir-faire spécial ou supplémentaire.

C'est d'***être-là-avec,*** ensemble dans toute sa *philia, disposant de ce gradient de présence qu'est l'amour contenu,* qu'il a toute l'efficacité de son humanité.

Imaginons alors, « avec rigueur et concrètement » comme dirait G. Steiner, mais *dans le présent de notre société telle qu'elle est.*

Un service d'urgence hospitalier, même limité en personnel et faisant longuement attendre tel que c'est le cas dans les grandes villes, qui saurait accueillir avec cette qualité de présence et de sécurité, transformerait cet accueil. En plus de la compétence et de l'expérience clinique qu'on peut leur supposer acquises, les soignants « sentiraient » et discerneraient avec beaucoup plus de rapidité et d'efficacité grâce à leurs antennes happerceptives ce qui relève de la véritable urgence médico-chirurgicale, et ce qui est de redonner confiance.

Une main sur une épaule, un sourire, une présence apaisante et sécurisante, rien de plus concret et de plus efficace. Quand cette forme de présence existe dans un groupe de personnes bien-ensemble, elle est opératoire et « rentable » pour un service. Moins de gâchis humain et matériel, parce que plus de lien entre les personnes, à tout niveau et plus de plaisir dans le travail.

Une salle de réveil postopératoire où, grâce à ces mêmes antennes attentives aux besoins plus ou moins profonds de présence et de sécurisation, l'infirmière rencontre telle personne se réveillant avec difficulté, dont elle contacterait la main ou les pieds de façon confirmante, même silencieusement.

Un enseignant, dans sa sécurité de base, responsable d'une classe de petit effectif, ayant de bonnes facultés *happerceptives* le rendant bien présent dans sa classe (et dans ses cours !), apte à réellement disposer de la *confirmation affective* et de la *confrontation,* ferait appel à la responsabilité de ses élèves dans une relation individualisée et respectueuse.

On sortirait ainsi de cette peur et de cette incompréhension mutuelles qui sont à la source de tant de conflits difficiles, ceci depuis la chute des valeurs paternelles d'autorité, depuis Mai 68, alors que subsiste une vraie demande de dialogue avec une véritable autorité naturelle en la personne de l'enseignant.

En maison de retraite, où l'approche haptonomique montrerait avec clarté le réveil des facultés relationnelles de personnes âgées, souffrant de la maladie d'Alzheimer. Certes, elles sont amnésiques, mais souvent surhandicapées par l'abandon et la passivité où souvent elles demeurent. Or elles ont encore une activité et une vie relationnelle possibles lorsque les soignants, faisant appel à leur *intentionnalité vitale* en utilisant les circonstances de la vie quotidienne, redonneraient plaisir de vivre et qualité de relation chaleureuse et nourrissante pour leur *Affectif* à la moindre toilette ou au moindre repas.

En soins palliatifs, où les soignants sont si fortement confrontés à l'angoisse de mourir de leurs patients, à la douleur ou à la fuite des familles, et à eux-mêmes, face à leur propre angoisse de mort.

Combien, plus encore probablement qu'en maternité, l'importance de pouvoir rester là avec le mourant, sans mentir, ni fuir ou l'abandonner dans la solitude, dans une tendresse humaine sécurisante, respectueuse et fiable, qui ne se noie pas dans l'émotion.

On devrait s'étonner, comme un enfant, du miracle des potentialités de la vie à l'œuvre de la rencontre des gamètes à l'achèvement d'un être humain adulte. On devrait s'étonner aussi des potentialités du développement de ***l'hapsis,*** de la force vitale initiale à la croissance et à la maturation de l'*Affectif* mis en acte. C'est pourtant ce que justifie de manière éclatante le travail pré- et postnatal qui est l'offre de *confirmation affective et de sécurité de base* à l'aube de la vie de l'être humain. Il a été largement montré combien ces deux concepts essentiels parcourent toutes les applications de l'haptonomie.

Les événements tragiques de l'histoire de la moitié du siècle dernier comme les événements du début de celui-ci ont fait naître la prise de conscience douloureuse pour notre monde actuel solitaire, technocrate et « effectif » que la *sécurité* ne sera ni sociale, ni politique, ni policière, c'est-à-dire qu'elle ne peut être *extérieure* à l'humain, si jamais elle a pu l'être. *Elle doit lui être* ***intérieure.***

C'est en lui-même qu'elle doit se construire, pour qu'il puisse affronter les défis qui s'accumulent à l'horizon. L'offre de l'haptonomie, née elle-même de la tourmente du milieu du siècle dernier, est très claire à cet égard. Elle propose des réponses très pragmatiques et concrètes dans le domaine du soin et de l'éducation.

Mais la tendresse de l'affectivité confirmante est à la fois très simple et très complexe. Elle est très simple lorsque le *thymos* s'ouvre, que les êtres partagent un panorama affectif et sensoriel commun *qui leur fait partager* ***un réel essentiel,*** *où les valeurs humaines sont prioritaires, valeurs basées sur* ***la responsabilité individuelle du for intérieur et de l'être-là ensemble.*** Elle est très complexe à transmettre parce que tel est l'humain : divisé, de plus en plus éduqué intellectuellement, de plus en plus pris dans la société de masse et de consommation, de plus en plus techniciste, et pris dans le visuel (et le virtuel) et non dans le subtil du sensible. Chacun aborde donc la réalité qu'il doit partager avec autrui avec son propre *monde interne des représentations* très différent du fait de la culture et de l'histoire personnelles.

Cela a pour conséquence à la fois richesse du métissage culturel et confusion des repères dans la communication entre les humains et, par conséquent, souvent agressivité, voire violence.

On comprendra peut-être mieux, dès lors, ***l'exigence éthique de transmission de l'haptonomie et sa rigueur.*** L'apprentissage dans ces formations consiste à transmettre un corpus de connaissances haptonomiques général et spécifique à chaque domaine d'application, mais l'essentiel est la découverte progressive pour chacun de ses propres facultés happerceptives, le développement de sa *sécurité de base* et sa *capacité d'être-là présent(e) avec l'autre,* dans l'accès, au moins, vers une réelle conscience et connaissance de soi.

L'adage de Rabelais : « Science sans conscience n'est que ruine de l'âme » reste plus que jamais pertinent, car la clinique haptonomique se viderait de son sens, de sa richesse, de sa beauté et de son efficacité si remarquables, si elle en était réduite à un niveau technico-rationnel. Or l'expérience des formations et le recul du temps montrent que c'est toujours ce danger qui menace sa transmission.

Une personne ayant insuffisamment maturé dans son Affectif, pressée d'efficacité de travail ou trop imprudente dans la méconnaissance de ses limites, et ne disposant pas d'un *discernement* et d'un *for intérieur* suffisants, peut porter grand tort aux personnes qu'elle accompagne et à elle-même.

On ne « voit » bien que du dedans. Plus s'ouvre le dedans, plus vaste est le dehors. Plus se développe la *thymesthésie,* le sentiment et la finesse pour sentir ce dont l'autre a profondément besoin, plus il devient plaisant, heureux, étonnant de travailler avec justesse et créativité.

Il faut du temps pour ouvrir l'espace vers le *Moi-conscient* et l'*ipséité.*

Temps du travail qui fait mûrir dans la pratique et temps de maturation qui échappe à la volonté. Temps d'expérience pour soi, avec l'autre, temps qui fait se découvrir de plus en plus le sens de son propre chemin et de ses propres désirs vitaux essentiels. Et dans la *réciprocité* qui est au cœur de la rencontre affective haptonomique, chaque humain, à sa mesure, participe à ce mouvement de transmission d'une affectivité plus consciente, plus raisonnable (au sens du *thymos* irradiant la raison), qui sera peut-être sa contribution modeste, mais réelle, à perpétuer l'humanité, en retrouvant l'humain.

BIBLIOGRAPHIE

Décant Dominique, Approche haptopsychothérapeutique de la souffrance, *in* Actes du Colloque *Souffrances, quel sens aujourd'hui ?,* Toulouse, 1991, p. 123-134 ; Érès, 1992.

– À la recherche de la sécurité perdue de l'enfant. Pour une approche haptonomique de la sexualité infantile, in *La sexualité – oubliée – des enfants,* Stock, 1993, p. 145-188.

– Approche haptosynésique de l'enfant porteur d'un handicap, in *Présence haptonomique,* n° 3, janvier 1996 (Actes du IIe Congrès d'haptonomie).

Décant Dominique et Gelber Thomas, Haptonomie : éléments de découverte et d'approche de l'affectivité, in *Neuro-Psy,* n° 8, octobre 1993, p. 395-400.

Dolto-Tolitch Catherine, Apport de l'haptonomie périnatale à la médecine d'enfant, in *Les dossiers de l'obstétrique,* n° 155, 10 octobre 1988, p. 3.

– L'haptonomie n'est pas une technique corporelle, in *Psychanalystes,* 32, 1989, p. 51-74.

– Haptonomie pré- et postnatale, in *Journal de pédiatrie et de puériculture,* n° 1, 1991, p. 36-46.

– Génération, espoir et souffrance, *in* Actes du Colloque *Souffrances, quel sens aujourd'hui ?,* Toulouse, 1991, p. 111-122 ; Érès, 1992.

– Qui a peur des désirs du fœtus ?, in *Turbulence,* n° 1, 1994, p. 68-73.

Goldberg A., Drescher-Zaninger C., Veldman F., Haptonomie, *in* E. Papiernik, D. Cabrol, J.-C. Pons, *Obstétrique,* Flammarion, « Médecine-Sciences », 1995.

Hanus Françoise, Souffrance et haptonomie, *in* Actes du Colloque *Souffrances, quel sens aujourd'hui,* Toulouse, 1991, p. 87-93 ; Érès, 1992.

This Bernard, *Neuf mois dans la vie d'un homme,* InterÉditions, coll. « Transmettre », 1994.

Veldman Frans, *Haptonomie. Science de l'Affectivité,* PUF, 1re éd., 1989 ; *Haptonomie. Science de l'Affectivité. Redécouvrir l'Humain,* PUF, 7e éd., 1998, totalement révisée et refondue et pourvue des dernières évolutions ; 8e éd., 2001.

– *Je te connaissais déjà avant de t'avoir vu,* Oms, 1983 (épuisé).

– La science de l'haptonomie, in *Fantasmes et masques de grossesse,* Lyon, 1986.

– La confirmation affective, in *Enfant de droit,* Lierre & Coudrier / La Harpe, 1990, p. 31-38.

– Haptonomie. Die Wissenschaft von den Grundlagen der Affektivität, in *The International Journal of Prenatal Psychology and Medecine,* Heidelberg, Allemagne, Mattes Verlag, n° 1/2, 1992, p. 87-100.

– Confirming Affectivity, the Dawn of Human Life, in *The International Journal of Prenatal Psychology and Medecine,* vol. 6, n° 1, 1994, p. 11-26.

– Affectivité confirmante, aube de la vie humaine, *in* SYNGOF, *Les Cahiers*

du Syndicat national des gynécologues-obstétriciens de France, n° 17, mars 1994, p. 27-36.
- Père et repères haptonomiques, *in* SYNGOF, *Les Cahiers du Syndicat national des gynécologues-obstétriciens de France,* n° 17, mars 1994, p. 37-46.
- The pre-, peri- and postnatal affective-confirming haptonomic accompaniment of parents and their child, in *Psychosomatic Obstetrics and Gynecology,* J. Bitzer and M. Stauber (red.), Monduzei Editori, 1995.
- Affektive Bestärkung - Anbeginn des menschlichen Lebens, in *Kongressband der Bund Deutscher Hebammen,* Kongress, 1995.
- *L'enfant violent,* XIe Congrès de la Fédération nationale des associations des rééducateurs de l'Éducation nationale, *L'enfant et la violence,* Perpignan, juin 1995.

Présence haptonomique, dans les sciences, l'art et la culture, n°s 2 (épuisé), 3, 4, 5 et 6.

TABLE DES MATIÈRES

Imprimé en France
par Vendôme Impressions
Groupe Landais
73, avenue Ronsard, 41100 Vendôme
Juin 2003 — N° 50 371